広告倫理の構築論

――人工的体系の構造と実践行動――

岡田　米蔵　著

創英社／三省堂書店

「広告倫理は哲学的倫理学ではない。
倫理を創る営みである。」

序文

社会への影響力が大きいものほど、現実的な倫理的課題を背負うもので、広告はその代表的な分野の一つである。

これまで「広告倫理」の重要性については大筋で認められながらも、現実は研究、開発、実践のどのレベルを見ても起動した実績は認められないという残念な状況が長く続いてきた。この課題は、倫理学者に一任すればよいというものではなく、倫理そのものは、その土壌から発生するものであり、現実の課題に対して「思慮ある傍観者」（奥田、二〇一二年）である倫理学者にも、現実、現場という壁がある。広告の専門家からも、「何も発言してこなかった」とか、「研究数自体が少ない」とされるのが現状である。

広告倫理の喫緊の課題は、広告と倫理に関する当事者意識を広告文化としてどう習得するかにあるようである。これは日本における社会を形成する普遍的規範が西洋の「契約の精神」、「個人尊重」にあったのに対し、近代国家成立以来「遵法の精神」、すなわち他律性の傾向が伝統的に根強いものがあるとともに、広告倫理の正体がわかりづらいということも事実である。

これらの課題に対応するため、本書では、第一に、人工的体系の応用倫理である広告倫理の骨格、すなわちその「構造論」を提示するものである。いわゆる広告倫理の「人工的体系論」をとりあげるということである。これにより、広告倫理の全貌、枠組みが明確になり、焦点の絞り込みによる有力な手掛かりが得られる。

広告倫理は「人工的体系の応用倫理」であり、これを支える倫理構造は「契約概念の倫理」「価値創造の倫理」「合意形成の倫理」「広告文化構築の倫理」より成立し、この延長上に倫理学を超越し、根源性を有する「未来倫理」の姿が見えてくる。

第二は、広告倫理の研究、開発、実践に起動力を与え、批判、議論の糸口をつかみ、定義づけ、体系化へと促進させるために提示したのが、「命題論」を用いた「広告倫理の起動論」である。この命題論は「論理学」の基礎分野として、新しい学問体系の構築に重要な応用性を持っていて、「広告倫理の格率」としてその発展性が期待できる。

広告倫理の命題（「AはBである」）は各章ごとにとりあげた。

まず、これらの命題を批判することからその突破口を開いていこうと提示するものである。なお、本書の各章末にこの「命題リスト」を掲げたことも特徴の一つである。

このように、本書は哲学的倫理学の書ではなく、実践的な広告倫理の人工的体系論であり、命題による起動促進論、広告倫理の認識喚起論である。

広告倫理が「人工的体系の応用倫理」といわれるように、「自分たちの手で創りあげるもの」であることを確認し、倫理学者、広告研究者、広告の実務者のそれぞれが役割責任を果たし、これを統合することで理想の形に近づく。さらに大切なことは「発言すること」「批判すること」で突破口が開かれることである。

本書のベースになっている基本思想は、拙著『広告倫理のすすめ』（二〇一五年度、日本広告学会賞受賞図書）のそれをさらに一歩進展させたものである。すなわち、盤石な広告体質の創造と信頼ある広告知力の強化のために、広告における信頼と広告効果の根源に「倫理」を捉えることにより、広告の信頼性を担保し、広告研究と実践の有力な体系を創造しようとするものであることに変わりはない。社会は、感情まで読みとるとされるＡＩ時代に突入した。これは広告倫理に、学際的、複合的で積極的な実務ベースでの対応が強く求められてくることを意味している。

「それぞれの立場で広告倫理に参加しようではありませんか」と強く呼びかけたい。広告倫理も他の応用倫理と同様に現在「普請中」「構築中」である。

なお、本文中の人名については敬称を略させていただいた。

岡田　米蔵

目次

第一章　広告の倫理環境

▼「広告倫理とは、倫理に参加し、倫理を創り出す営みである。」

一、広告と倫理

(1) 契約社会の情報

不確定な社会構造

新しいテクノロジーの出現は、社会に自由度を与えることになって、そこには新しいジレンマが引き起こされる。

これはイノベーションが社会規範、価値基準のバランスを崩し、各種の課題を顕在化するからである。このため、ジレンマは応用倫理における定番のテーマとされるが、二一世紀に入って特に顕著な傾向として把握され出したものである。医学、環境、経営など現実の各分野において、この環境変化、技術革新を価値や文化の創造に対する絶好のチャンスと捉え、現実に向きあう応用倫理に強い関心を寄せるようになったからである。

目指すのは、現存する哲学的原理、中でも義務論や徳倫理学の立場を超越した人工的体系の応用倫理であり、価値を創造し、これを広告文化として定着させると同時に、変化に対応できる、相対化できる力を備えた「循環型の積極的な活動体系」である。現代は、これに相応しいテクノロジーの発展が期待できる環境にあると同時に、これまで経験したことのない多くの課題を抱えた社会構造の変革期にある。

この応用倫理への関心が高まったのは、決して流行ではなく、広告においても応用倫理が価値創造力と価値相対化を密めた文化構築力を備えていることにやっと気がついたからであろう。

しかし、これは他律的に出来あがるものではなく、英知を結集した積極的な人工的倫理体系の確立にあることを確認しなければならないものである。応用倫理は未経験の倫理課題をとり扱うことになり、それぞれの分野の特性にあった体系がもとめられるが、いま始まったばかりの構築中、いな、設計中のものである。

広告分野でも広告と倫理がお互いに関心を寄せつつ、進化しながら走り続けているが、広告倫理が応用倫理の一分野として表面化したのは、ＩＣＴ（情報通信技術）がもたらした情報社会であり、すでに突入したＡＩ（人工知能）による合理的な確率社会における社会と人間の関係をテーマとする課題にある。これらは希望、期待と同時に不安、不確定さを生み出す社会構造である。

契約社会の出現

デジタル化と通信技術の融合は、これまでの広告の定義を変えるほどの広告環境下にある。ＩＣＴはメッセージの到達範囲を拡大し、新しい思想や相互交流の方法を切り開き、社会に変革をもたらした。これにより、表現の自由の制限に関する問題が重要課題ともなり、同時に拡散する思想の善悪も問題となる。

こうした環境の変化は広告コミュニケーションの変化、広告ビジネスに変化をもたらし、広告科学に関する研究も質、量ともに多岐にわたることになった。

広告面から、この情報社会のもつ特性をごく簡単なキーワードで示せば、ダイレクト（直接的）、インターラクティブ（双方向）、グローバル化にあった（梁瀬＝岡田、二〇〇三年）。

まず、ダイレクトであるため、マスメディア時代に比し、メディアに対する依存度も低いため、質的なコントロール面の欠如をもたらした事例も経験済みである。ここには規制と自由の保証が課題となる。広告効果の測定も直接的になり、広告を契約上、間接的立場の情報として捉えていたものが、直接的情報へと変質し、責任上も厳しい立場に置かれることになる。

インターラクティブであるため、権利関係、広告の契約特性が明確になり、消費者が主体性をもった契約当事者として浮上してくる。これまでの広告は勧誘行為に該当せず、したがって契約性がない、単なる申込みの誘引にすぎないとされてきた常識中の常識が常識ではなくなってきた。また、マスコミ広告の時代には広告と表示が独立した形で、効果的に機能してきたが、この合体によって契約問題を一層顕在化させることになる。新しいビジネス・モデルの出現は広告が中間的情報ではなく強い契約性をもったものになってしまう。

第三のグローバル化は、価値や文化の境界線を揺さぶり、快く聞こえる「相対主義」を見過ごすことはできない。情報の規制、権利問題にどう対応するのか、行政の機能に期待するだけでは広告のもつ善の価値を活かし切れない。広告法制に注文をつけ、積極的な倫理活動が前提の法制であることへの再認識が必要となる。

このように、二一世紀は「広告を介した契約の即決時代」である。民法改正を中心に契約の概念を大きく変える動きもその現象の一つである。日本人は、その文化の特性としては遵法主義の体質であり、契約を社会規範としてこなかったために、その転換は容易でない。契約は責任の本質であり、「広告は社会と契約している」という概念づくりと広告の価値を継続的に生み出す倫理の実践行動が不可欠になってきたのである。

AIと確率社会

社会はさらに、感情まで読みとるといわれるAI（人工知能）時代に突入した。これは個人に関するビッグデータによる確率社会の到来であり、AIが人間の持つ潜在力をひき出す役割を担う想像を超えた環境が生まれる。経済的合理性を有するこのAI社会が限りない経済的効率化をもたらすことになる。一つは「高効率」機能である。例えばターゲッティング広告により無駄のない広告ビジネス・モデルを生み出し、広告効果の研究も飛躍的に発展が期待できる。第二は、高度な予測技術により、倫理側面においても多くのメリットを生み出す。仮説が立てづらいとされる未来倫理を切りひらく点にも貢献する。仮説の樹立が容易になれば、未来の見えない倫理の世界は大きく発展する。これには本質的な討議や議論を引き出す力が含まれている。

この経済的合理性を満足させる高効率のAI社会には、高効率であるが故に生ずる多くの課題が存在する。

第一は人間尊厳、人格の尊重、プライバシーの問題である。プロファイリング（ビッグデータから個人を評価する）はケースによっては誤りが修正できないものも生まれてくる。烙印障害ともいわれるもので、個人データに関する公平性と利用範囲が課題となる。これに対して、個人情報保護法もその見直しが迫られる。これまで第三者提供にポイントを置いてきた同法は、このプロファイリングの結果に「異議を申し立てる権利」の確立がテーマとなる。かつて特定の意味のある表示の権利化（商標権、著作権など）を確立することにより、莫大な価値を生み出したように、この「拒否の権利化」はAIのもつ意義を強力に支援する機能をもつことになる。

第二の問題点は広告に最も重要な自由の世界に傷をつける危険性がある。多様な意見や価値が民主主義を支えているのとは対照的に、絶対的な意見、世論を形成し、議論のエネルギーに対し、強力な壁をつくる危険性を十二分に孕んでいる。書き込みの集中による不寛容社会で、自由な発言に壁を創る、残念な現象がみられる。

第三は権利問題である。これまでの概念では把握できない「あいまいさ」が顕在化する社会である。例えば帰属のあいまいな著作物が、人間を介さず出現したり、3Dプリンターにみられるように情報と物の区別がつかない「あいまいまい」なものが出現したり、過度なスピードによる技術革新の弊害がみられる。

このような変化の激しい社会では現在の著作権法の個別条文方式では対応できなくなるであろう。また、ＡＩがメディアを支配し、広告コンテンツをつくり出すなど無限の可能性、危険性を秘めた社会改革をもたらすような社会である。ここでは人間、社会、権利、責任に関する諸問題を生み出すことになるが、これら改革への対応は多様な観点からすすめなければ手遅れになってしまう。これらのＡＩ社会における基本課題については、政策現場での対応が議論されはじめているが、広告分野からは倫理、法制、社会学など多岐にわたる学際的分野がその中心になってアクティブな研究がもとめられてくる。ＡＩ時代の人の役割は「決断」であり、さればこそ責任を伴う高度な判断は人が担う社会が出現する。これはまさに現実に向きあう広告倫理の主題となるテーマである。

ＩＣＴとＡＩの融合社会は広告と倫理の双方においてトレンドに大きな変化がみられるのは持続性のある広告の発展を示す証、チャンスであると同時に、倫理課題を醸し出すため、厳しい変革をもとめる広告環境下にあることを意味している。

因みに、人工知能学会では二〇一六年六月六日、学会の社会的存在意義を明示し、人工知能が人類の脅威になるのを防止することを目的にした綱領の素案を公表した。ＡＩ活用の意義を認めつつも「人類の安全への脅威を排除しなくてはならない」、「人工知能の可能性と限界について社会全体に啓蒙する」、「他者に危害を加えるような意図をもってＡＩを利用しない」、「新たな不公平や格差をもたらす可能性を認識し、人類が公平、平等に人工知能を利用できるようベストを尽す」などの一〇項目から構成されている。これは研究者の倫理行動を促すもので、工学倫理の中心テーマであり、広く応用倫理共通のテーマでもある。

倫理依存の広告法制

日本人は伝統的に遵法を尊重し、契約には馴染まない国民だとされてきた。広告も法との距離を置きながら安定した発展を維持してきたが、契約性の強い社会情勢に対応するためには積極的な倫理面の強化が不可欠となる。

広告法制の特性は、自主的で積極的な倫理を前提としており、広告に関連する法は多様にわたるが、広告を直視したものは見当たらないと言ってよい。それほどに倫理を前提とし、倫理に依存しているのである。

広告を直接、対象とした代表的な法に独占禁止法の特別法としての「景品表示法」がある。この具体的な運用は公正競争規約という世界的にもハイレベルで巧みなしくみによって運用される。自主規制と公正な競争を同時にコントロールするものであり、それぞれの立場における倫理が機能しない限り満足が得られないものである。

同様に広告の価値を担保する著作権法も広告を直視したものではなく、法の対象の一つに広告があるという位置づけである。

こうした広告表現に関する法のほかに広告取引に付随する広告法制も倫理が前提の上に立っている。

広告取引の関連法「下請法」（正式名・下請代金支払遅延等防止法）は二〇〇三年の改正により情報成果物としての広告制作物がこの対象となっている。

この下請法は景品表示法と同様に独占禁止法の特別法で、取引上における「優越的地位の濫用」がポイントになる。別名「広告制作会社保護法」ともいわれるように取引上の格差是正にあるが、広告法制の中でも珍しい法的介入である。下請法は親事業者、下請事業者を資本金の大小等により定義づけ、親事業者の義務（計二十二項）や禁止事項（十一項）を明確にしている。広告主企業の大半がこの親事業者に該当せず、主に広告会社や広告制作会社が親事業者にあたることになり、広告主企業の確実な同法の実行に依存している。特別法の特性から、その適用される取引の対象が限定されているとは言え、ここでも倫理に依存する広告法制の特性があらわになる。すなわち広告主や広告会社の全面的な倫理行動に依存した格差是正（契約当事者間対等の原則）の達成が期待されているのである。

(2) 現実に向きあう倫理学

創造的な応用倫理学

「倫理および倫理学にとって、二一世紀は人類史上の大変革期」（笠松＝和田、二〇〇八年）で、現実の課題に直面し、類例のない事例を取扱う応用倫理学には、哲学的倫理学といわれる原則や学説がそのまま適用できるかどうかの保証はない。このため、新しい分野の倫理学をもとめて、一九七〇年代以降、価値を探究するという共通課題に応えた「人工的体系の倫理」として、その体系化が試みられているといってよいであろう。

この応用倫理学は、伝統的な哲学的倫理学よりも根本的な問題をとり扱っているという「逆転現象」が起きているとよく言われる。

代表的な応用倫理学には環境倫理学、生命（医療）倫理学、経営（企業）倫理学、情報（メディア）倫理学などが挙げられる（**資料1-1**）。

これらのポイントは「哲学的倫理学をたんに応用する場ではなく、これらの理論が試され、実践することにより鍛えられ、形成される場である」（小松ほか、二〇〇六年）。「どうすればもっと倫理的な行動を敏感に執り得るかを問う学問体系である」（岡田、二〇一四年）にある。

これらの応用倫理学が心しなければならない重要なポイントは二つある。

一つは、哲学的倫理学との交流であり、もう一つは持続可能性、未来責任に関する「未来倫理学」をこの応用倫理学の体系にとり入れることである。その対象となる未来倫理（世代間倫理）は哲学的倫理学の特性である「同時的相互関係」を有さず、未来を説きあかす倫理学説を持ち合わせていない。すなわち行為と責任が対応しない倫理の世界を扱うことになり、このため超学際的で「知の結集」を要する分野である。これは、あらゆる応用倫理学の各分野が抱える共通のテーマである。

〔資料1－1〕　応用倫理学への拡大現象

分野	探求法	基本問題	アプローチ例	性格
基礎倫理学（哲学的倫理学）	メタ倫理学 （分析的倫理学）	「善とは何か」 「よい行為とは何か」 （倫理的判断）	言語分析 道徳哲学	「認識論」 第一哲学 根本原理
	規範倫理学	「いかに生きるか」 「どうあるべきか」 「正義とはなにか」 （規範的考察）	道徳的義務論 功利主義 社会契約論 正義論 徳倫理学	規範の問いかけ 個人中心の倫理 「べき論」
応用倫理学（現代倫理学）	生命倫理 環境倫理 経営倫理 広告倫理 工学倫理など	個別の分野ごとに価値を高めるために「どう改善し、どう実行するか」 （倫理行動の推進）	実践行動論 合意形成論 価値創造論 学際主義 （人工的体系論）	「構築主義」 権利や義務 合意、価値 文化の形成 マネジメント
	未来倫理 （世代間倫理） （遠隔倫理）	世代を超えた未来への配慮をどう実行するのか。 （未来から現代を見る）	教育論 マネジメント論 互恵主義 未来責任論	持続可能性 実行可能性 教育性 あるべき未来像

　こうした応用倫理学のもつ実践行動が応用倫理学と哲学的倫理学との関係を強化し、哲学的倫理学への回帰現象がみられることに期待が寄せられている。これは応用倫理学の中にこそ哲学的倫理学への重要な問いかけが存在するからである。

倫理コミュニケーション転回

　二一世紀における、倫理、倫理学の構造変化は前項の応用倫理への拡大とともに会話、討議の倫理、いわゆる「倫理コミュニケーション」を中心に転回されることになって、新しい時代を迎えている。これは応用倫理が「事実と価値の一体」をテーマにかかげるからであって、カントの理法とは異質のものである。

　近代哲学における倫理学の中心テーマは認識論、分析論の時代が長くつづいた、いわゆる「個人の知」のあり方を問い質すことにあって、コミュニケーションが倫理学の主題になることはなかった。この「意識の哲学から言語の哲学へ」という倫理の「言語論的転回」が倫理におけるコミュニケーションへの関心を強めることになったからである。

倫理学の三転回説から「思考」の歴史をちょっとのぞいてみよう。

第一の「認識論的転回」は存在論中心の思考から認識論への思考移行時代である。これはカント（一七二四〜一八〇四年）による超越論的認識論で決定づけられる。

第二の転回は、一九〜二〇世紀における「言語論的転回」で、認識論から言語論への移行時代である。ラッセル（一八七二〜一九七〇年）らの記号論理学思考が主導を占める、言語とその関連を研究主題とするもので、ここにコミュニケーション哲学（倫理コミュニケーション）の領域がクローズアップされることになった。

第三の転回は「解決論的転回」で、「人間の文化批評的理解や記述を対象とした今後の転回ということになると予想する」（笠松＝和田、二〇〇八年）とされる。

このように、第二の転回である言語論的転回を受けて倫理コミュニケーションに関心を寄せ、大きな影響力を与えたのが、ローティの著『哲学の脱構築、プラグマティズムの帰結』（一九八二年）である。

倫理コミュニケーションは理論的には二つの流れがあると考えてよかろう。一つはプラグマティズム系のローティによる「会話の継続」であり、もう一つは超学際的なハーバーマスの「討議倫理」である。これらのコミュニケーション論は、方法論の違いはあっても応用面からみれば対立点はなく、ともに有用性をもっている。実践を旨とする応用倫理における現場でそれぞれの特徴が生かせるモデルをどう開発するかにある。これらのコミュニケーション論は従来の理性や理性による真理をコミュニケーションによって考え直す行為であって、価値創造やグローバル時代にふさわしいコミュニケーションのあり方が問題で、合意形成に至る語用論理コミュニケーションの提示であると理解できよう。**資料1‐2**に示すように応用倫理は二一世紀において変化させねばならない状況にある。

広告コミュニケーションを本業として取扱う広告業務において、もう一つのコミュニケーションの側面が提示

〔資料1－2〕 広告倫理の変遷

	20世紀	21世紀
原理、性格	規範倫理（広告として未整備）	応用倫理（広告の現実と未来）
	予防倫理	積極倫理、実践の倫理
	義務論的原理	目的論的展開
	沈黙、徳目	議論と共有、実践
体系論	思考論	価値創造論、文化構築論
	義務論、道徳論	価値論、戦略論
	観念論	システム論（マネジメント）
テーマ	「正しい広告」	「善い広告」
	法は表現の自由を規制	法は価値を保証する社会体制

されたことに注目し、さらに合意形成の項目（第五章）で当件について考察をすすめよう。

(3) 広告の倫理特性

広告の「思い込み」

倫理の基本領域は、まず自己と他人の間に存在するものである。

この関係する両者の間に特別な「思い込み」の存在することが倫理の基本課題を構成している。

第一の思い込みは広告表現上にある。これは誇大な表現や競争相手を排除するような表現などに見られ、広告に許される特権だという思い込み、ひとりよがりがある。

つまり、広告には誇張や吹聴に対する批判は古くから存在していた。これは広告だから許される行為ではなく、賢い分別ある消費者だから許されるもので、暗黙の了解が社会のベースに存在していて表現に広がりをもたらす余地を与えていると解されてきた（岡田、二〇一四年）。

第二の思い込みは広告取引上に見ることができる。倫理的な問題を口にすれば大損になるという倫理のタブー性が潜んでいる。「モラルの沈黙」（国分、二〇〇八年）といわれるものである。広告会社の社員が広告主と倫理課題について口にすることでお得意様を傷つけ、広告取引額が減ってしまうことから生まれるもので、倫理コミュニケーションの問題として応用倫理の核心に触れるものである。

第三の思い込みは「ターゲット」にフィットすればよいというもので、非ターゲットだとされる人々の心を傷つけているケースから生まれる倫理課題が多く存在し、社会心理学に期待される「感情」の領域に関するものである。これは社会契約上、参加できない消費者に対する義務の問題で、学説上も浮上してくるテーマである。

死角の生まれやすい広告環境

バイアス、つまり心のゆがみ、ミス行動を起こしやすい広告環境が存在する。すなわち、意思と行動のミスマッチが起こりやすいのである。倫理学に「人格」が重要視されてきたが、これは人格どおりの行動様式が期待できたからである。このバイアスが生ずることによってこの公式どおりに進まないところに広告倫理の必要性が存在することになる。

広告当事者が自らの行為を通して反省と思考を積み上げ、結果として「学」としての体系化を図るためには広告倫理の死角を確認し、これを共有し、対応を議論し、実行しなければならない。そのポイントを再整理してみよう。

①意思決定のミスによる死角

これは、広告文化としての広告倫理が定着していないことから発生する。

・基準を持たない、基準があっても機能し難く、主体性原理が働かず、当事者意識に欠け、責任の意識が希薄になりやすいことから生ずるミスである。

・組織文化の影響を受けやすい。

広告行動に「習慣形成」の原理や反省倫理が生かされていない状態である。

・広告研究の二面性

広告の社会的付加価値機能に倫理性と広告の発展性が同時に潜んでいる。

社会的付加価値とは社会的、文化的、教育的な機能をいう。水野（二〇〇一年）は広告倫理の議論に向けての一考察の中で、「マーケティング的広告研究と社会情報的広告研究の架橋」を提示する。

②広告の「間接的」「中間的」特性による死角

・広告取引書は現実に存在しても、当事者間対等の原則が働かず、「優越的地位の濫用」が指摘されやすい。

・広告業務自体が相互依存関係から成り立っている間接的な責任体制である。

広告主、広告会社、広告制作会社、媒体社などにそれぞれ独立した倫理が存在する。また広告界全体の倫理の構築も課題として残されており、「倫理の三層構造」（第二章）の理解がその答えを導く。

・広告と法との関係も間接的である。

広告を意識して立法化されたのは景品表示法くらいのものである。一般的に広告は、契約上は「中間的な情報」で倫理が前提の広告法制である。

・これまでの広告倫理の認識は義務論中心で主体性の原理も働かず、はっきりとした目標を持っていない。

③広告倫理に対する概念から来る死角

こうした広告倫理の死角を排除するためには、まず、つぎにあげる事項を払拭しなければならない。

・広告倫理は広告効果を阻害し、クリエイティブや広告取引上の邪魔ものである。

・広告倫理は広告法規の補完機能を果たすものである。

・広告倫理は広告研究の対象外である。

・広告現象を批判的な眼で見ることなく、自分には関わりがないと無視する。

これらは、広告界が本気で立ち向かわねばならない広告の基本的な問題である。

二、広告倫理の課題と開発

(1) 広告倫理の課題

三つのテーマ

広告倫理における実践上の課題をひと言で表現するならば、「倫理に視点をあてた広告の価値創造をどう実現するのか」ということになろう。もう少し詳しく述べるならば、三つのポイントがある。

第一は、「広告と倫理との関係強化」であり、現在この関係は疎遠で、希薄である。このため、可能な限り体系化を試み、議論し、修正することを通じて概念づくりと共通認識を高めることである。広告倫理を定義化し、応用倫理として人工的体系を試みるのはこのためである。

第二は、「倫理の習慣形成」を実践の場で実行し、体感することである。このため価値創造をモデル化し、広告の価値や文化を相対化できる力を組織として養うことである。これは広告の持続性、発展性を高める実践力で、当事者意識と責任意識がポイントになる。「広告の実現されるべき理念」「広告のあるべき未来像」についての議論を重ねて、常に新しい価値を創りつづけなくてはならない。

第三は、「倫理の認識をどう高めるか」である。現実に向きあうためには、ここでも「当事者意識に関する認識」が教育課題となる。なぜなら認識とは現実に対応する行動習慣を獲得していくことに他ならないからである。本書では「命題論」による認識起動論、動機づけを提示したのはこのためである。

根深い近視眼

現実に対応するための行動習慣を形成する「広告倫理の認識不足、無関心」について、国分（二〇〇八年）は二つのテーマを提示する。

その一つは「モラルの近視眼」である。

これは「広告における倫理的問題が見えず、自分が働いている状態は、より大きな環境の一部を形成しているという重要な現実を「見る」能力がない状況」を言う。さらに広告における問題意識の希薄さを示していて基本的には広告教育のテーマとなる。アンリ・ベルクリンの「問題を解決するよりも問題を見いだすこと、したがって問題を提起することが肝心」なのである（鷲田、二〇一六年）。

第二は「モラルの沈黙」である。

これは「倫理的な問題を認識はしているが、寡黙であり、個人的あるいは組織的に立ち向かうことを避けている状態」を指し、広告のプロとしての倫理に反する行為である。これは即時的効果を広告行動の基本に置いている課題で、コミュニケーションの不全問題として広告会社と広告主との間にみられる現象と捉えられている。

このように、国分の指摘する二つのキーワードはこれまでの広告の倫理環境の現状を的確に言いあてている。これでは倫理の習慣形成論も文化構築論も機能しないからである。ドラッカーがいうプロフェッショナルの責任として挙げる「知りながら害を出すな」に通じるテーマでもある。

資料1‐3はこうした広告倫理が直面している課題と本書でとりあげた対応策の一端をとりまとめたものである。

⑵「命題論」による開発

広告倫理の抱える問題の一つに倫理に関する認識問題がある。

〔資料1－3〕 広告倫理の課題と提案

課題（疑問）	本書の提案（参考例）
広告倫理の正体、全体像がわかりにくい	「構造論」「定義づけ」（第2章）
広告倫理の認識、開発をどう起動させるか	「命題論」（第1章）、「広告リテラシー」（第6章）
当事者意識を育み、根源的な自由を生かし切る思想的基盤をどこにもとめるか	「プラグマティズム」（第4章）、「倫理コミュニケーション」（第5章）
日常の活動にどう定着させるか	「循環型の実践モデル」（第4章）、「インフォームド・コンセント」（第3章）、「広告マネジメント」（第6章）
「統合性」にどう対応するのか	「第三者機関」（第5章）、「合意形成」（第5章）、「倫理の三層構造」（第2章）
広告法制と倫理との関係は	「広告法制と倫理」（第5章）
価値をどう見いだすのか	「循環型の実践モデル」（第4章）
研修を重ねても不当表示などのミスを撲滅できない	「広告文化構築」（第6章）
「価値の相対化」への対応はどうするのか	「広告文化構築」（第6章）、「循環型の実践モデル」（第4章）、循環型未来倫理（第7章）
広告倫理の研究をどう進めるか	研究の役割分担について 「広告倫理の研究」（第1章）
倫理学の学説からはずれた未来倫理にどう対応するのか	暫定的真理論など（第7章）

習慣行動を形成し、現実に対応するためには、この倫理に関する認識が不可欠な要素であり、これを掘り起こし、起動させることからはじまる難題である。しかも広告倫理がわかり難いのは、全体像が見えづらいことである。しかし、このままでよいという問題ではないためどうするか。本書ではこれに対して「論理学」の基礎項目「命題論（proposition）」を意識して採用し、提示するものである。論理学の命題は必然性を示す命題（トートロジー）で、判断をフレーズで

表現し、真偽が判定できるものをいうが、この応用面では「真偽を確める命題」などとして派生的な用法が広く用いられる。

「AはBである」という判断を言語的に表現するため、これらは通常判断と同等に解されるが、本書で用いる命題は、数学の定理が真の命題といわれ、議論の余地を残していないのに対し、ここで提示する命題が広告倫理におけるすべての「はじまり」ということになる。

これは定義性を高めることと、討議、議論のきっかけをつくり、倫理の起動に刺激を与えつつ教育素材を提示することに意義がある。

前者の「定義性」は本書のテーマである人工的体系を明示し、とかく、わかり難い「定義づけ」と「概念づくり」の理解を深めるためである。

後者の議論の素材を提示するのは、これまで広告倫理についての議論が少なく、議論の題材不足をカバーする新しい機能をもっている。これらの命題が批判の対象になることによって広告倫理の研究を深めることにもなろう。倫理学はその歴史をみても批判と実践の繰り返しによって発展してきたものであり、広告倫理が哲学的倫理学へ回帰するための必要条件だからである。

命題の事例をみてみよう。「AはBである」とする命題を議論の対象にしてほしい。

正しいか間違っているのか、命題のもっとよい表現方法はないか、これによって倫理の問題はそのスタートラインに立つ。批判することから倫理がはじまり、価値を生み出すものである。

本書における広告倫理のメイン命題をリストアップすれば次のようになり、各章末にはそれぞれのテーマごとに「命題リスト」を挙げている。

広告倫理のメイン命題（「AはBである。」）

●「応用倫理とは、倫理に参加し、倫理を創り出す営みである」（第一章）

- ●「広告倫理は人工的体系の応用倫理である」(第二章)
- ●「広告倫理は実践行動論である」(第二章)
- ●「広告は社会と契約している」(第三章)
- ●「契約は責任の本質であり、普遍的規範である」(第三章)
- ●「価値は根源的である」(第四章)
- ●「価値は理念づくりの基盤である」(第四章)
- ●「合意は真理である」(第五章)
- ●「倫理コミュニケーションは社会化の絶対条件である」(第五章)
- ●「広告文化の構築とは、価値を文化として定着させ、さらに新しい価値を創出する基盤づくりの循環型活動体系である」(第六章)
- ●「未来倫理は根源的な応用倫理である」(第七章)

このように、広告倫理に命題論を採用することのメリットは、わかり難いとされる広告倫理にとって重要な意義をもっている。

まず提示された命題「AはBである」は批判の対象とされる。

この「批判」は倫理行動の要であり、閉塞状況にある広告倫理そのものに風穴をあける有効な機能を有している。こうした「命題」は、広く「議論」のテーマとなり、対話にひろがりをみることになる。いわゆる倫理コミュニケーションの拡大現象をもたらし、広告倫理の構築と実践に対する方向づけが明確になる。これまでわかり難いとされてきた広告倫理の研究、開発、実践に光をあてることになり、定義づけ、公式化、モデル化に貢献できる(**資料1-4**)。

この命題論は、応用倫理学が共通点を多く有する「未来倫理」を学ぶ際の暫定的真理論に通ずる有効な一つの

〔資料１－４〕　命題論による「広告倫理の起動促進」

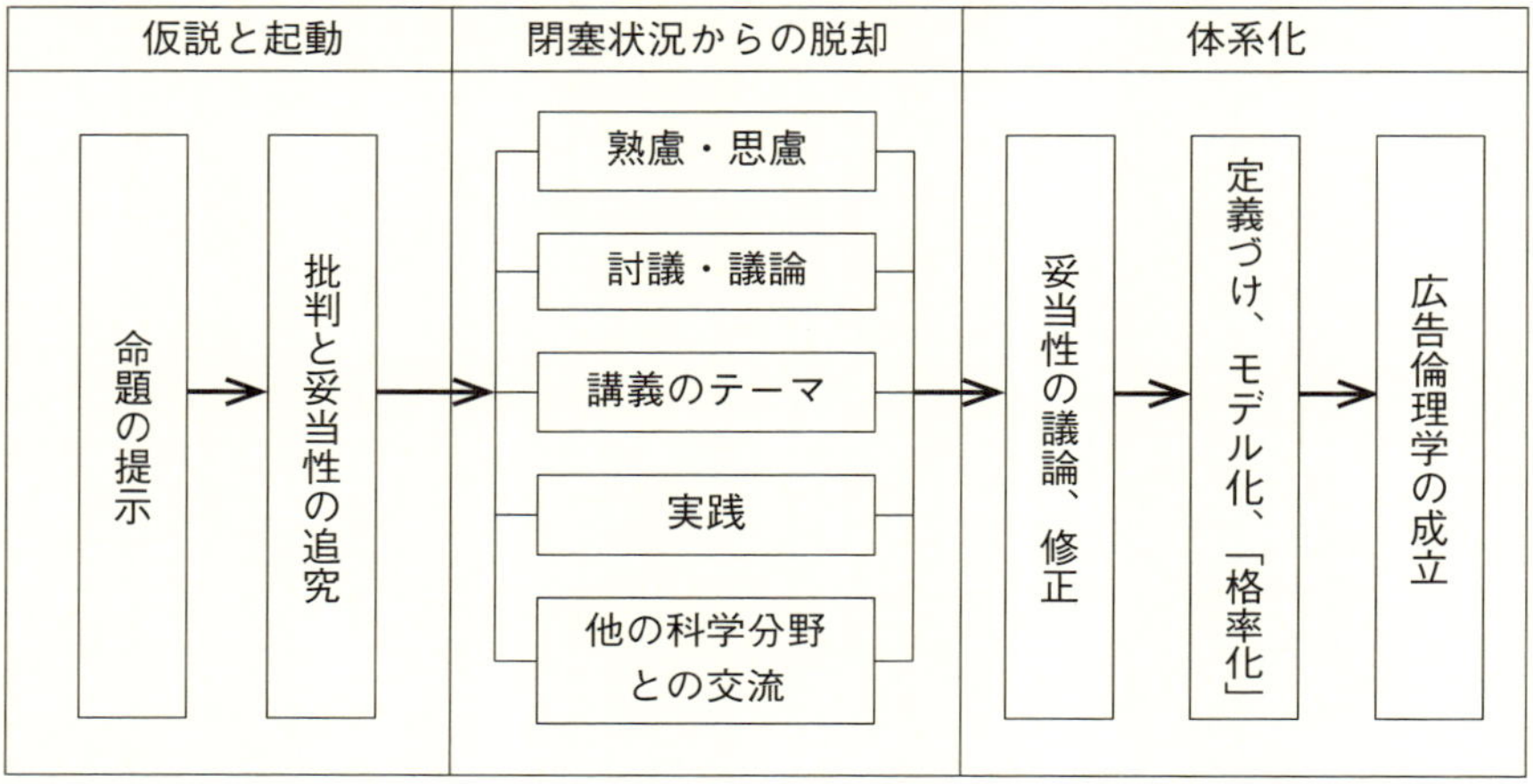

方法論として広がりをみせることにもなる。すなわち、命題論による広告倫理の開発は、倫理論が新しい倫理論を生みだす概念で、人工知能におけるディープ・ラーニング（深層学習）の概念と共通点をもっていて、人工知能が人工知能を生むと同様に倫理が倫理を生み出す新しい進化論であり、同時に学習論である。

命題が「広告倫理の格率（maxim）」、すなわち実践上、理論上の原則を簡潔に表現したものとして、共通認識を育む機能を果たすことに期待を寄せたい。

(3) 広告倫理の研究

倫理学者と広告当事者

前述のように「二一世紀は倫理、倫理学の大変換期だ」といわれてきた。確かに環境、生命、研究、ビジネス、経営、情報などの分野ごとに倫理が意識され、問題解決や持続可能性について、従来の哲学的倫理学を超越した「人工的倫理体系」の構築が時代要請として顕著になってきたことは事実である。大学で使われる倫理の教科書でも従来は、「自由、良心、義務、徳」などの倫理的概念の解説をはじめ、倫理学説の紹介や解説が中心であったが、現在ではそれぞれの分野における現実の課題、時代の変化に即応できる倫理の実践行動論へと中心テーマは変わりつつある。これが「応用倫理」への大変換である。

これまで、機会のあるたびに「広告倫理は応用倫理である」と言い続けてきた。これは応用倫理学という人工的学問体系を目指した広告倫理を確立する実践行動である。しかし、人工的といえども倫理という以上、伝統のある「哲学的倫理学」とのかかわりが重要な位置を占めることになることには変わりはない。では、この広告倫理研究はどのようなスタイルで進められるのか、進めなければならないのかを考えてみよう。このことにより、広告倫理の研究が、いま始まろうとしている段階に直面しているわれわれ広告当事者にとって、その課題や取り組むべき内容が見えてくるはずである。

第一は広告倫理の体系化であり、第二は広告理念の構築である。第三は広告倫理の課題に対する解決法を開発し、実践することである。第四は価値や文化の相対化でできる力を養うことである。

こうした広告倫理の問題は倫理の問題だから「倫理学者（学術研究者）が主体になって、この体系化を進めるよう一任すればよいのではないか」という考え方もあろう。一方、実践が伴い、意思決定や責任が問われる問題であるため、当事者である広告関係者に主体性をもとめなければならないとする考え方も成立する。いわゆる応用倫理としての広告倫理の主体性をだれ、どこにもとめるか、この難問に応えなければならない。

広告倫理研究のポイント

一九九〇年代、アメリカで生まれた同じ応用倫理のビジネス・エシックスでも「学」としての論争があったことが紹介されている（田中＝柘植、二〇〇四年）。ビジネス当事者に対する倫理学者の望みは「哲学的な深み」であり、逆に広告当事者が「もっと現実性」を倫理学者にもとめた「倫理学」についての論争である。この議論は、人工的な学問体系としての応用倫理学では、議論する意義はあっても論争に至るほどのものではなく、工夫の余地は十分に残されている。このことは、他の応用倫理においても同様である。両者により、最終的には広告倫理などの応用倫理を確立する義務を背負っていて、両者の研究結果の統合、補完によってのみ可能である。

広告の倫理研究はいくつかのタイプに分けて考えられるが、「倫理学がなくても倫理が現に存在し、成立する」ように、広告倫理学の研究と広告倫理の構築・確立の研究はおおいに関連性があっても同一のものではない。研究に関する業務分担、統合・補完の機能が働かない限り、右記の論争が倫理の機能を抹殺することになる。

広告倫理の研究における主体性を倫理学者にもとめるタイプは、広告に関する倫理の普遍性の研究「哲学的倫理学からみた広告倫理」であり、「応用倫理学のメタレベルの研究、哲学での視点からの考察と倫理学のアイデンティティの構築」（奥田、二〇一二年）となろう。広告当事者に主体性を置くタイプは広告の現場における倫理の確立「応用倫理学としての広告倫理で実践倫理の研究」といってよいだろう。

環境や生命の倫理では前者が先行し、科学・工学分野は後者にウエイトがかかっているようだが、広告倫理の研究は、ニュートラルの状態にあって、応用倫理にもとめられる時代の倫理学体系からその主体者の位置と責務を明確にしなければならない。

資料1-5は、三つの研究スタイルを簡単に整理したものである。

これらの研究スタイルは相反するものではなく、広告倫理に関する研究の責任分担の問題で、究極の目標は共通して応用倫理学による倫理の研究領域の拡大にある。倫理学者にもとめられる広告倫理は哲学的倫理学からの視点であり、広告学者の指導のもとに広告当事者（実務者）が主体性を発揮する実践倫理が両輪となってこれを満たす状況をつくりだすことになる。

思慮ある傍観者

応用倫理における倫理学者の立場は「思慮ある傍観者である」（奥田の造語、二〇一二年）。傍観者とはアダム・スミスのいう「観察者」を超越した視点で、かたよりなき判断ができる者を言い、第三者の視点を重視する。奥田は倫理学者について、倫理学を背景にした専門的コーディネーターとも紹介している。これは、応用倫理が、

〔資料1－5〕 広告倫理の研究

主体者	研究スタイル	態度	責務
倫理学者（学術研究者）	応用倫理学のメタレベル研究	思慮ある指導により、倫理学が広告倫理を育てる。	倫理の専門家としてのコーディネーター、学習の場や機会の提供、新しい応用倫理学の確立
広告学者（広告研究者）	広告倫理の理論化と応用研究	思慮ある「倫理の理論化」により、広告の進化を促進する。	広告倫理に関する「概念」の構築、広告倫理学の確立
広告当事者（実務者）	広告倫理の実践レベルの研究、開発	思慮ある「倫理の実践」により、広告倫理を育てる。反省の倫理（循環構造）を体感する。	実践行動を積み重ね、原理を磨く。結果として倫理学を構築する。当事者意識の育成と現場における倫理の確立

（注） 広告学者は、広義には広告当事者に属する

遡って倫理の原理を探索することがあっても予め用意された倫理学の原理の適用には当たらないからである。また、広告倫理には、他の応用倫理と同様に直接的で純粋な倫理問題は存在せず、歴史的、文化的、経済的な背景と利害がからみあっていて、倫理学者が持ち得ない現実の問題であり、政治的に判断される事実も存在するからであろう。

さらに、応用倫理学には、現実の要求と次世代の要求を同時に満足させる「未来倫理学」をもその対象としている。この世代間倫理は哲学的倫理学の同時的相互関係を超越した持続可能性の倫理に答えをもとめているからである。

後者の広告当事者が主体性をもつ、持たねばならない応用倫理としての広告倫理は、実践行動に対する反省を通して実践的学問としての倫理学を成立させる。広告倫理はこの両研究スタイルの交流によって「学」として体系化がすすめられることになる。このためには、広告当事者の主体的な行動に対し、強力で、適切な倫理学者のアドバイスが不可欠になる。メタ倫理学と応用倫理学の交流をはじめ、倫理学説に符合しない未来倫理学への対応が倫理学者の責務としてこれほど期待された時期は、

アリストテレス以来のことである。

さて、倫理学者の思慮ある指導、広告学者による思慮ある理論化、広告当事者の思慮ある実践が広告倫理の要であることは、前述のとおりであるが、この「思慮」とは何かを考えてみよう。

「思慮」とはフロネーシス（phronesis）、善いことを実現するための適切で効果的な手段を置いた知性的徳のことで、「思慮はその実践的推論において、常にその前提に目的と善に関わる命題を持つ」（小坂＝岡部、二〇〇五年）という。

これは、選択という行為を通じて実現可能な善にかかわる思慮を言い、「目的を設定し、これをどう達成するのか」の思慮であり、自由の行使に伴う思慮の領域を広く、深く持つことである。これは現実性を持った応用倫理の核心に触れるものである。

第一章の「広告の倫理環境」に関する「命題リスト」

- ●「応用倫理とは、倫理に参加し、倫理を創り出す営みである」
- ●「批判力が広告倫理を切りひらく」
- ●「広告倫理は現実の課題に向き合う応用倫理である」
- ●「問題の先送りは、「当事者意識」「責任意識」の欠如によるものである」
- ●「広告倫理は、実践倫理と倫理学の相互作用によって成立する」

これらの命題を批判し、議論のテーマとしてお使いください。

第二章 人工的体系の応用倫理

▼「広告倫理は人工的体系の応用倫理である」
▼「広告倫理は実践行動論である」

一、広告倫理の三層構造

広告業務システムが倫理（正義）の異なる企業群から構成され、相互依存関係で成り立っているため、倫理の関係性から三層構造で考察、対応することになる。これは広告界における価値や文化を統合するための前提条件である。

資料2-1は、そのポイントを整理したもので、広告の責任はそれぞれにおいて共有されることになる。

まず第一の倫理は自分と自分自身の関係、すなわち主体的関係で人間尊重に重点を置いたミクロの視点から成り立つ。組織を構成する個人を対象としたもので、一般には教育システム上は個人の「人格」に視点が集まる。

〔資料２－１〕　広告倫理の三層構造

	関係性	広告倫理	
第１層	主体的関係 （自分と自分自身）	（個人倫理） 内省の対話 善い人間	人格 学習 道徳性
第２層	社会的関係 （自分・組織と社会）	（組織倫理） コミュニケーション マネジメント 善い組織 広告文化	広告主、広告会社、媒体社、広告制作会社の独自性
第３層			広告界の共有性 横断的責任 第三者機関

（注）　自分・組織と環境の関係は「自然的関係」に属する。

アリストテレスのいう人格（エートス）が重視されるのは人格と同質の行為を生み出すことになり、道徳性が強い。このエートスとは理性に従うことのできる力と考えてよかろう。

因みに、現代倫理学ではエートスの意味は人間の行為についての規範体系を言い、その社会における文化という意味をなす。

しかし、時には個人の自由と組織体の経済的基盤維持に矛盾が生じる場合がある。倫理性の高い行動力のある優秀な人材を集めることだけでは十分でないことは、二〇世紀の各種にわたる不詳事件の事例からも明らかなように、組織の見えない力によって簡単に崩れ去る実態をみてきた。

ここに第二、第三の倫理が必要となる。これは企業の社会的関係で主に組織と社会との関係にある。ここにはマネジネント性、倫理コミュニケーションによって社会性、倫理化がはかられる広告文化構築の必要が生ずる。広告倫理が別名、「組織倫理」と呼ばれるのはこのためで、応用倫理の特性が顕著になる。

第二の倫理とは、第一の倫理が「個人」に視点が集中したのに対し、相互依存関係にある広告主、広告会社、広告制作会社、媒体社（メディア）がそれぞれ独立性をもって独自の広告倫理を実践すればよい、というレベルである。各社がそれぞれの立場で経営倫理と整合性を保ちつつ、積極的に価値を生み出す力を生み出せばよい。

〔資料2－2〕　広告倫理の共有機関

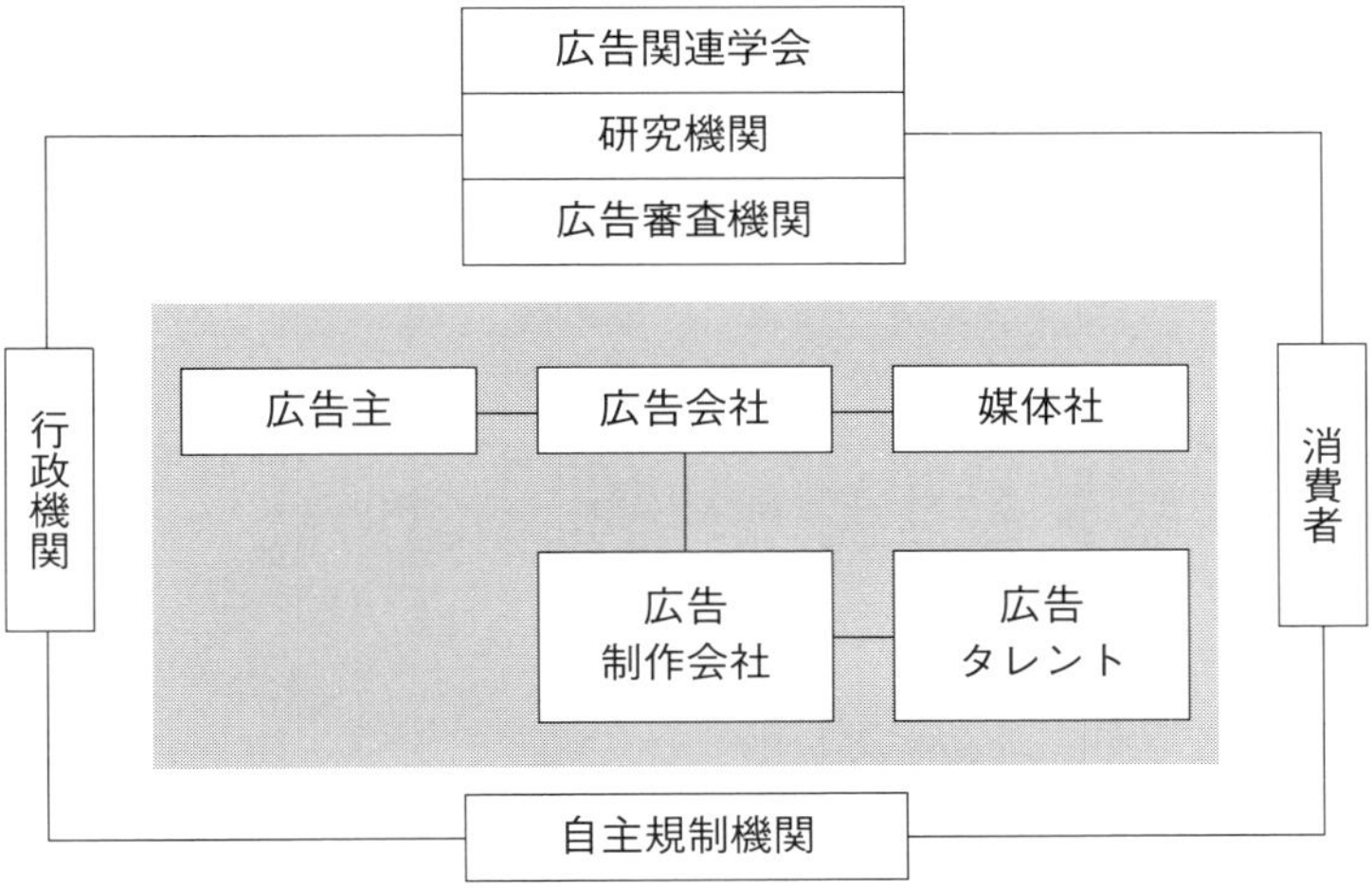

しかし、この第二の倫理は独断であったり、マクロ的視点の欠如によって、生み出そうとした価値を一瞬にして失ってしまうことになるケースが多い。しかもこの第二の倫理レベルでは広告に重要な「自由」の権利を失うケースや結果的に経営倫理との整合性を失ってしまうことになる。広告業務を担当する同業社は、協力者であると同時に競合社であって、公正な広告競争によって市場拡大をはかることがミッションである。

第三の倫理は、広告界における価値や文化の統合を強力に促進する力をもつ。広告活動がそれぞれの企業が合理的、理性的に行動しても、その結果（帰結）が社会的、マクロ的にみて合理的なものとなるとは限らない。これが「意図せぬ社会問題」を醸し出す「広告のマクロ的帰結問題」に対応できるレベルである。この第三の倫理はCSR（企業の社会的責任）には見られない特性を有していて、本書で提示した広告倫理の第三者機関（第五章）は第三の倫理を実践し、広告界の文化構築に機能する、このためのものとなる。

広告の責任を共有すべき機関（**資料2-2**）は、自分が直接関わっていないことには関心を寄せず、責任を負わないとする勝手な正義は許されない。関わりのある立場にある人や組織が「他人に責任がある」とか「自社には法的責任がない」とする、第一の倫理レベルにおける人格の欠如があらわになる状況は快の概念では是認が得られない。これらの当事者意識を欠いた行動や思想は二〇世紀に実体験済みのもので、第三の倫理から考察すれば不健康で強い違和感を覚える代表的な感情問題であって共感、共有の意識は生まれない。

コミュニタリアニズム（共同体主義）、たとえば、ハーバード大学のマイケル・サンデルの白熱教室に人気が集まるのは、ロールズを批判し、権利や正義よりも総意・合意による「善」の優位性を主張し、共同責任を重んじることによって、応用倫理の課題である持続性のある未来倫理にヒントを与えつづける力を持っているからであろう。

二、広告の倫理構造

人工的体系の倫理とは、自らの手で倫理を創り出すものであることを意味していて、「広告倫理を組み立てる倫理」のことである。この広告倫理が応用倫理の一分野であるといっても伝統的な哲学的倫理学にその解答が用意されているわけではない。「倫理学の営みは自分の倫理学をつくることだ」（奥田、二〇一二）とされるように、広告関係者のコミットメント、すなわち責任をもって関わり合うことが基本である。これは、現実の課題に向きあう倫理であるため、「当事者意識」が不在では成立しないからである。

まず、二〇世紀の反省を踏まえ、広告倫理に対する無関心から脱皮しなければならない。「敬遠」という野球用語では、まともに勝負せず、四球を出して一塁へ歩かせることで、広告当事者からもこの「敬遠状態」が続き、研究や議論がすすまなかった。尊敬するふりをして、実は相手にしていないのである。

このため、全く新しい概念で広告倫理の組み立てがもとめられる。その全貌を示したのが**資料2-3、2-4**である。

〔資料２－３〕　広告の倫理構造

構造	機能	キーワード
人工的体系の倫理	広告倫理を組み立てる	応用倫理、倫理構造、体系化と開発、「概念づくり」から「共通了解」へのしくみ
契約概念の倫理	広告倫理を認識させ、信念を起動させる	社会における広告の正当性、契約、約款、社会契約、自由、義務、責任
価値創造の倫理	広告の善の価値を創り出す	目的合理的行為、価値、目的論、プラグマティズム、理念
合意形成の倫理	広告の社会化、倫理化をはかる	合意形成、倫理化、広告法制、倫理コミュニケーション
広告文化構築の倫理	価値の定着、価値創造の基盤づくり	価値合理的行為、文化・風土、感情、習慣形成、リテラシー、持続可能性、相対化力、循環型システム
根源的な未来倫理	あるべき広告の未来像を描く	知の結集、暫定的真理論、第三の倫理転回、新しい倫理の開発

広告倫理は五つの倫理で構成される。この五つの倫理は独立したものではなく、お互いに深い関係をもっているというよりも重なり合っていて内容に重複がみられることになる。これらの詳細については各章に譲ることになるがそのポイントを簡単に述べよう。

本章の「人工的体系の倫理」は広告倫理の概念と骨格を示すことになる。五つの倫理をどう位置づけるかを明確にしなければならない。

広告倫理が哲学的倫理学の直接的な応用ではないため、学際的色彩が濃く、広告科学、経験科学、他の応用倫理などとの関係も重要な分野として注目を集めることになる。

第二の「契約概念の倫理」は社会と広告との深い関係が広告倫理の認識を深め、信念を起動させる機能を有している。契約の概念を広告倫理の柱に立て、責任の本質を考察することになる。広告における自由と責任との関係をはじめとする基本的概念は、広告が社会に存在する正当性を質すベーシックな倫理であり、「広告は社会と契約している」との思想をベースに考えることになる

〔資料2－4〕　広告倫理の基本構造

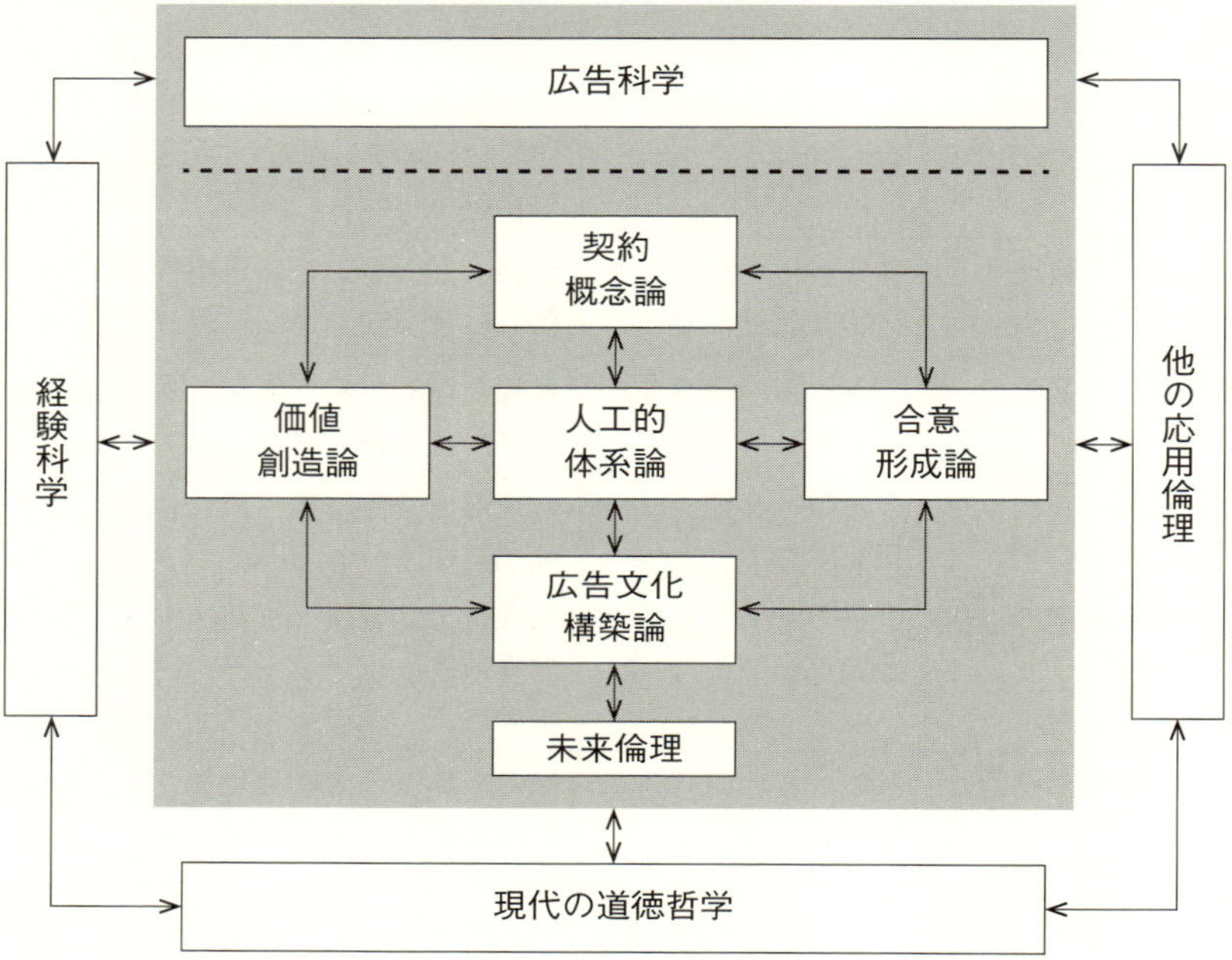

（詳細は第三章）。

第三の「価値創造の倫理」は、「目的合理的行為」であり、まず広告倫理を目的論的に考えることからスタートする。広告倫理は判断や統制が伴うため現場、現実主義の倫理が展開される。この現場、現実主義を支えるのがしっかりとした広告理念、広告文化である。この価値を構成するのは目先の広告効果ではない。広告の善の価値をもとめることになる。価値は根源的で多方面に利益をもたらす実践の理法である（詳細は第四章）。

第四の「合意形成の倫理」は「合意は真理である」という命題に支えられ、契約概念論、功利主義を原理とする現代版広告倫理実践のエース格といえる。倫理コミュニケーションこそが、広告の社会化を支える絶対的な条件であり、根源的な自由を生かし切る力がある（詳細は第五章）。

第五の「広告文化構築の倫理」は「価値合理的行為」である。価値が価値を生むディープ・ラーニング活動であり、これには二つのポイントがある。

一つは倫理の実践行動で得た価値を広告文化として定着させることであり、この蓄積により広告の資本財を得ることになる。いわゆる広告文化の底あげ活動である。もう一つは新しい広告価値を創造するための基盤づくりの活動体系である。このため組織体として批判力を養い、価値の相対化をはかれる力を育むことや未来倫理の構築に力を注ぐことにポイントがある。これらの価値はいつまでも普遍的な特性を維持できるものではないからである。

文化とか風土は常に課題を顕在化する機能をもとめる。これが新しい価値を生育するための基盤で、これらはマネジメント性をもっている。文化は価値を増幅させ、問題認識を生み出しつづける土壌のことである。「価値創造の倫理」を目的合理的行為とするならば、この「文化構築の倫理」は価値合理的行為にあたり、この二つの合理性が広告文化の発展を意味している。すなわち現実をみつめる広告倫理であり、行動習慣を身につけていく重要なポイントであると同時に、未来倫理に応える現実的な活動体系と言えよう（詳細は第六章、第七章）。

三、広告倫理を支える科学群

(1) 広告科学

二〇一二年十一月に開催された第四十三回の日本広告学会（駒沢大学、猿山義広運営委員長）で、岸志津江会長は学会の取りくむべき重要なポイントを提示した（日経広研レポート・同学会の鈴木宏衛広報学術交流委員長）。

第一は広告の本質、すなわち「コミュニケーションを用いた課題解決」の再認識

第二は広告効果の理論的枠組みの再構築
第三は広告マネジメントのあり方、新しい方法論の開発
以上の三点であるが、新しいパラダイムを生み出さないと広告研究は衰退するのではないか、と広告をめぐる厳しい環境を配慮し、強い懸念を示されている。

本書はこの宣言に反するものとはならないであろう。広告と倫理の関係を通じて広告科学の新しいパラダイムを生み出す新しいきっかけを提示することになるからである。本書全般を通して広告科学に期待を寄せるポイントは、広告科学に倫理の概念を定着させることにある。これは「広告」という土壌以外から広告倫理が生まれてこないからである。因みに日本広告学会のテーマは、二〇一五年の第四十六回全国大会（伊吹勇亮運営委員長）が「広告研究の学際性」であり、第四十七回全国大会（嶋村和恵運営委員長）が「広告の社会的意義」である。いずれも広告倫理の基本テーマである。

(2) 現代の道徳哲学

義務論

道徳理論として規制や義務に従って行動したかどうかを問い、消極的、内面的、受け身的な性格をもっている。人格主義の立場をとり、人格は目的として尊重され、行為の道徳性で判断する。これを理論化したのが、カントで、無条件的性格からスタートするものである。**資料2-5**は広告倫理の思想的基盤を支える看過できない先達十二人のリストである。

功利主義

功利とは利益、幸福などを増大させる性格を指し、行為の善悪の判断はこれらの功利をもたらすかどうかに求める「結果と効用」の倫理観で、応用倫理における未確定な領域に「有用なヒント」を与えつづける倫理学理論

〔資料２－５〕 広告倫理の思想的基盤を支える12人

思想家	原理	広告へのヒント
アリストテレス (前384～322年) (ギリシャ)	倫理学の大成 徳（倫理的行為の実践）	現実的、実践的で、高度な哲学的、社会学的考察 共同体の総意
アダム・スミス (1723～1790年) (イギリス)	経済学と倫理学の融合 社会と人間本性	広告界で機能するような環境づくり
I. カント (1724～1804年) (ドイツ)	義務論、人間の尊厳 中世と近代哲学の分水嶺	秩序づけの基本 倫理史上における影響力
ヘーゲル (1770～1831年) (ドイツ)	法哲学、法の原理「自由」 倫理と道徳の使い分け 発展の倫理・弁証法	法（正しさ）の社会学的考察 自由を実現する社会制度
J.S. ミル (1806～1873年) (イギリス)	社会哲学 自由と公共精神の一致 功利主義の修正	社会全体の幸福を道徳原理に置く「義務の意識」 教育と社会制度
福澤諭吉 (1834～1901年)	市民の自立 文明論	倫理教育、実学教育の普及 文明の多元化
J. デューイ (1858～1952年) (アメリカ)	プラグマティズムの倫理 アメリカ哲学 実用主義、経験概念	応用倫理学の普及・促進 倫理の目標を明確化 合意形成の科学
M・ウェーバー (1864～1920年) (ドイツ)	社会科学の方法論 「行為の合理性」の二元論	理念型論 広告文化論 体系的な実践行動論
和辻哲郎 (1889～1960年)	近代哲学と東洋思想の融合 ヘーゲルの研究	個人と社会との関係論・行動論・日本の倫理
ハンス・ヨナス (1903～1993年) (ドイツ)	未来倫理論 非対称性の倫理	存在論的な義務 世代間倫理／遠隔責任論 「先送り」「怠慢」の禁止
J. ロールズ (1921～2002年) (アメリカ)	社会契約論の復活 社会正義論（正義の本質）	広告の責任 企業と社会との関係
J. ハーバーマス (1929年～　　) (ドイツ)	コミュニケーションと討議の倫理学、公共性の原理・合意形成論	理性的対話 相互性の倫理 真理の合意説

と評され、合理性を捉えるラジカルな倫理学上の立場とされる。

この「効用」の概念を導入することにより、モデル化、数量化を可能にする。実践的行為へと結びつけるため、道徳に実質的な外的原理をもとめたもので、ベンサムやミルによって体系化された理論である。ベンサムの利己的な快楽主義に対し、ミルは正義の本質を功利的に捉え、社会全体の幸福を基準としている。

目的論

義務論に対峙する理論で、社会システムや行為を「目的」から見て有益かどうかで評価する。

この目的に貢献しない義務は社会から是認されない。高次の目的は義務を自動的に生み出す特性を持っている。古い歴史を有する目的論的倫理学は功利主義的原理とその展開によって、広告倫理の重要な価値創造の原理とされる。

社会契約論

社会における個人、企業のあり方、生き方を追究した国家や社会の成立理論で、独自性のある個人の相互契約によって成り立つとし、個人の利益を社会の利益と一致させる市民社会の正当性の原理である。これは自由で独立した個人間の契約であるという前提が近代社会の形成に必要な自由と平等を担保する役割を果たす理論である。

この社会契約論はホッブス、ロック、ルソーが一七、一八世紀に提唱した理論で、二〇世紀に入ってＪ・ロールズによる社会正義論として、この社会契約論の復活がみられる。

徳理論

徳の理論は現代社会における道徳哲学の柱の一つとされる。アリストテレスは「徳とは習慣的行動にみられる性格の特徴」だという。何が人を有徳ならしめるのか有史以来の倫理における基本テーマである。ルネッサンス以降は「責務の理論」を導き出すことになる。また、徳倫理に限界がある時には他の道徳哲学の理論、見解、原則が推奨されることになる。

徳の認識に関し、道徳思想家のシャフツベリ（一六七一〜一七一三年、イギリス）は倫理における「反省の働き」を強調したことで有名であるが、徳理論は何を為すべきか、どう決定すべきかは教えない。

徳項目として、「公正、正義、節度、誠実、自律、正直、気前よい、協調、良心、親しみ、自信、理性的、勇気、勤勉」などがあげられ、広告における不快感を醸し出す用語と常に対比される。

(3) 経験科学

経済倫理学

古典派経済学の祖とされるアダム・スミスは経済学者であり、倫理学者とされる。彼の経済学では自由放任の自由主義経済学の基礎をつくり、倫理（道徳哲学）では利己的な行為が是認されるのは「共感とか同情」が得られる範囲内だとする「道徳感情論」を説いたことにある。古典派経済学は「生産の経済学」とされるが、その基調は「三方よし」、すなわち売り手よし（企業の利益確保）、買い手よし（顧客満足の創造）、世間よし（利益の地域還元）にあって、倫理思想上は興味がつきるところがない。「売り手よし、買い手よし」に基づく新古典派経済学は「変換の経済学」で、この古典派経済学が共存する、新しい体系が二一世紀の経済思想として確立される。

竹内（一九八九年）は、この経済倫理学について次の三点を強調する。第一は「競争の原理」を活かすことにより、競争が利己主義を消滅させる。第二の経済問題は「感情」を「勘定」に置きかえて解決する。第三は「交換の原則」をベースに考え、損得勘定、等価性の原理を活かす。これらには利己主義の原則が強く感じられる。

行動経済学

経済学が隣接分野である社会学や心理学との距離を縮めたのは、一九七〇年代になってから、人間の戦略的行動を数学的に理論化した、いわゆる「ゲーム理論」を経済学に応用したことに始まる。また認知心理学の実験手法（ゲーム理論の組合せ）で他の個人とのかかわりの分析に利用できるようになったこともこれに大いに関連する。

実験を通じて、需要と供給の調整、協力体制、モラルの高揚、効率システムを構築することになり、こうした行動経済学でノーベル経済学賞（アメリカ、バーノン・スミス、二〇〇二年）を出している。

勘ちがいや判断ミスに気づきにくく、指摘されても修正しないタイプを心理学では「認知バイアス」と言い、倫理的判断のテーマである。

こうした心理学の分野を経済分析に取り込む研究領域を経済理論として再構築し、実社会へ応用する体系が行動経済学である。重要なポイントは行動を科学的に記録することからはじまるが計算高く、合理的な人間を追究する「伝統的経済学」とは異なり、現実性を十分に配慮した点が違う。すでに共感（道徳感情論）をとりあげたアダム・スミスにみられるほか、J・M・ケインズがいう「アニマルスピリット」に通じる思想の実践的行動が注目に値し、広告倫理の構築にも示唆する点が多い。

社会心理学

「意思決定と感情」が重視されるテーマである。期待は「感情」の問題である。感情は道徳の基本項目であり、倫理の根底にこの感情問題が根強く横たわる。感情は期待であり、信頼に直結する。倫理行動を支える「プライド」「誇り」もこの感情を抜きに広告倫理を語れない。「感情」研究は社会心理学的には認知を経由するが、脳医学的にはこの認知を経ることがない。この相方が対立することなく合流することが感情研究を飛躍的に発達させることになる。今後の感情研究は理性の形成、倫理的態度形成、倫理教育とのかかわりを強めるが、広告倫理で期待される領域はコミュニケーションにおける感情体系である。

法社会学

普遍的な社会の規範について学ぶ基本は慣習、道徳、法律、倫理の関係を解明することになる。特に日本の近代化は遵法の精神を基本に推進されたため、個人の尊重、契約の概念をもつ欧米のそれとは対比される。

法社会は直接、間接を問わず国民の合意によって成立した社会の代表的規範として、その機能を果たす。倫理が法の倫理機能によって支えられている。同時に法は倫理の社会支援システムでもある。

「法社会学」とは文字どおり法を社会学的に研究する学問体系でエールリッヒ（一八六二〜一九二二、オーストラリア）の命名による。社会統制機能をこの法社会学にもとめるのは、広告法制の成立が倫理を前提に考えざるを得ない立場にあるからである。日本における法体制に対する批判の目を養うことの重要性が浮上する。

(4) 他の応用倫理

経営倫理

企業の志向は利益の極大にあり、「競争と効率」がその目的の中心であったが、価値基準を経営理念にもとめ、経営体質の改善と経営者のリーダーシップが課題の中核を占める。広告倫理は体系的にはこの枠内にあるが、お互いに刺激を与えつづける立場になくてはならない関係を有している。

経営倫理は、広告倫理と同様に応用倫理の分野に属し、かつ広告倫理と広い接点をもつ関係にある。この経営倫理の思想的基盤として、プラグマティズムに関心が寄せられたことに注目したい。これはアメリカにおいても同様の傾向で、「プラグマティズムは単に認識論や知識論のレベルにとどまらず、道徳論のレベルにおいても経営理論を支える一つの有効な思想的基盤であると考えられる」とする論述もみられる（岩田、二〇一六年）。これが「経営倫理学のプラグマティズム的転回」論である。プラグマティズムの思想が理論と実践を一体として捉えるアメリカ経営学の特質と一致したものであるが、価値的側面からも注目される応用倫理の思想的基盤（第四章）となり得よう。

なお、日本経営倫理学会（設立は一九九三年）はテーマ別部会を設置しているほか、協力団体としての経営倫理実践研究センターや経営倫理普及協議会とともに活発な活動を展開している。

生命倫理

これは先端医療技術の発達に対応する必要性から顕在化したもので、応用倫理の分野の中でも先輩格にあたる。脳死状態、臓器移植、延命措置、末期医療、安楽死などが人権尊重、人間尊厳の立場からみて問題として浮上したものであるが、医療事故の防止についてはパターナリズムの立場を克服し、医師と患者の関係を契約の概念で構築した運用システム「インフォームド・コンセント」（第三章）は、広告倫理の理念づくりと実践面に多面的なヒントを与えつづける。

環境倫理

経済学の「持続的発展」をベースに自然環境の保護を目指す経営倫理思想であって、自然環境もステークホルダーと解する点がポイントとなる。自然との共生を重視していて、環境破壊行為は持続的発展に大きな阻害をもたらすことになる。

環境倫理は一九七〇年代の公害問題に始まり、地球温暖化問題としてとり組み方が国際的課題となっている。「持続的発展」の思想は、応用倫理の全分野にかかわる課題である未来倫理、世代間倫理のベースになる基本思想である。同時に哲学的倫理学を超越した新しい倫理の体系化と知力の結集がもとめられる。

研究倫理

研究はもともと「自由」が全面的に保障される領域であるが、その研究が応用レベルに達したとき、どのような影響を社会に及ぼすかの高次の「想像力」がもとめられる。このため、一流の研究者は研究開発レベルからこのことを意識的に取り扱う。これでも想定外の障害をひき起こすことがある。

「研究不正」にあたる研究論文の不正は、それ以前の倫理問題である。国内外の研究不正が連続して報道されているが、「研究活動の不正行為への対応ガイドライン」（文部科学省、二〇〇六年）では具体的にその行為を定めている。データのでっちあげである「捏造」、自分の都合のよいように書き換える「改ざん」、他人のデータを無断で引用する「盗用」の三項について故意に行った場合をその対象としている。独立行政法人の科学技術振興機構の調べではこの捏造、改ざん、盗用により、有名な研究者が解雇、免職処分を受けている。

このため文部科学省は研究機関に所属する学生、研究者に倫理教育を義務づけ、研究経費の節減などの措置をとるとしているが、いずれの分野における応用倫理も理想のレベルに届くまでには相当の時間と倫理構築への努力を要することになる。

四、構造論からみた広告倫理の定義

広告倫理とは何かについて一定の定義づけを明示した（岡田、二〇一四年）。ひと口でいうなら「広告における価値判断、価値創造と実践の理法」であり、これには三つのポイントがある。

① 人工的体系である応用倫理の一分野であること。
② 広告の現実と価値に関する学際的な実践行動学であること。
③ この価値を広告文化として定着させ、新しい価値を創造しつづけるための基盤づくりの活動体系であり、

広告マネジメントの最重要テーマであること。

これらを踏まえ、広告倫理をその「構造論」から定義すれば、つぎのようになる。

> 広告倫理とは、信頼（性）をコンセプトとし、自由で、自立性のある積極的な広告の活動体系である。これは「契約概念の倫理」「価値創造の倫理」「合意形成の倫理」「広告文化構築の倫理」から構成される「人工的体系の応用倫理」である。
>
> その究極の目標は規範ではなく、広告価値の追究と創造にあって、広告マネジメントの最重要テーマである。

広告倫理を「人工的体系の応用倫理」とするのは、伝統的な倫理学説を解釈することではなく、自分たちの手で倫理を創る営みである。

この倫理を創る上で伝統的な倫理学は不可欠であるが、重要なことは、この原理を問い直し、倫理学的な問いを新たに掘り起こすことであり、多くの人たちの参画によって議論や批判の対象とされる領域となることである。応用倫理学はすでに分かっている原理を適用するのではなく、「どのような原理の応用とみなせばよいのかを研究する領域だ」（奥田、二〇一二年）と紹介される。

広告倫理も現実に存在する問題の背景にどのような原理が存在しているのかを読みとることができればその問題の本質が見え、有効な合意形成、適切な問題解決を可能とする実践行動体系ができあがる。

第二章の「人工的体系の応用倫理」に関する「命題リスト」

●「広告倫理は人工的体系の応用倫理である」
●「広告倫理は実践行動論である」
●「二一世紀は倫理学の大変革期である」

これらの命題を批判し、議論のテーマとしてお使いください。

第三章　契約概念の倫理

▼「広告は社会と契約している」
▼「契約は責任の本質であり、普遍的規範である」

一、広告と契約

(1) 契約の概念

広告における「契約概念」の意義は、社会における広告の正当性を問い質すことである。同時に、これは倫理そのものが相互契約に基づく互恵性の原理で成立しているという最もベーシックな基本的テーマであることに因るものである。この契約概念の倫理は、哲学的倫理学に最も近く、直接的な関係領域を取り扱い、広告では距離を置いたテーマとされてきた。

しかし、この「契約概念の倫理」が広告倫理の基本テーマであるため、「合意形成の倫理」（第五章）とも重なり合う領域でもある。また、倫理の相互契約の大原則とも符合しない「未来倫理」（第七章）を考察するに際し、最も基本的な課題を提示することになる。

このように広告における契約概念の倫理は、広告が現実の社会に存在する意義を問い、社会における広告の正当性の原理である。これは広告倫理の認識と信念を起動させる倫理である。このとき消費者は契約当事者であり、広告ビジネスもあいまいな契約事項ではなく、独立性と倫理性を備えているものであることはいうまでもない。

このため、広告倫理の基本姿勢「コミットメント」の前提である「倫理の目覚め」、「倫理の起動力」が広告における倫理行動の基本的なテーマとなる。沈黙、敬遠から脱し、コミットメントの倫理へ「慣習」として転換するための倫理のめざめは、広告と社会との関係を正しく理解することからはじまる。これは広告が社会に対して、大きな影響力をもっているからに他ならない。

第一のテーマは、広告の対象である消費者に何が求められているか、期待される消費者像である。すなわち消費者の自立、消費者の契約力強化で、これらの促進が広告の機能として定義づけられる。

二〇〇四年の「消費者基本法」の制定は、消費者を弱者としたこれまでの保護政策から脱し、消費者の主権を法文上、明確に打ち出したものとして注目に値する。ここでは、消費者の自己責任が問われ、「生き抜く力」が求められているのである。一方の広告は、契約情報としての不完全性、中間的特性、約款性を有しているため、倫理性のある積極行動がなければ整合性は満たされないことになる。

第二のテーマは、広告の責任問題である。詳細は後述するように、ここに広告特性から導き出されるつぎの「責任」がある。

① 期待可能性の責任論
② 共同責任論

③　社会化責任論
④　未来責任論

第三のテーマは、これらを支援する社会契約論から発する広告の権利や自由を謙虚な姿勢で理解し、倫理の起動に貢献することである。

これは「自由の確保」という広告の最重要な権利を保障するために、消費者、市民の「合意」のもとに社会契約を結ぶという理論である。この思想はもともと国家樹立の中心思想であったが、カントの影響もあってロールズ（『正義論』一九七一年）によって、社会正義をテーマとする新しい社会契約論の樹立をみたものである。これは、さらに「合意は真理」とするハーバーマス（第五章）に至るまで一貫して流れている応用倫理の基本理論である。

(2) 倫理が前提の広告の「約款現象」

契約の約款現象

われわれは広告の持つ法的な特性を「契約」という視点から明らかにしなければならない。広告における契約は、広告ビジネスにおける私法上の契約と、広告表現における消費者との関係という二つの側面をもっているが、本項では後者を主題にしている。

契約は責任の本質であり、二一世紀社会の基本概念である。広告はこの概念の枠内にあって、この中核を占める位置にある。これは広告に契約性が問われ、消費者にも自立、契約力がもとめられる環境にあるからである。広告が私法上、取引における「契約以前の行為」であるとしてきたが、このまま放置してよいとするものではない。契約はお互いの合意によって成立するとする契約の基本ルールを定めた民法が、特別法との整合性をテーマにして審議中であるのも民法にマッチしない契約の形態が出現しているからに他ならない。広告が、民法で定め

〔資料3－1〕　典型契約と約款

典型契約	当事者の合意	個別交渉	交渉の余地あり 「締結する」
約款（普通取引約款）	一方的	定型タイプ	イエスかノーか 「約款に合意」

る契約の対象外としながらも契約性が問い質されるのは、どういうことなのか、どう対応すれば、価値を生み出すことになるのであろうか。

民法に定める契約には十三の類型がある。民法その他法律に掲げられないもの、いわゆる無名契約がビジネスのモデル・チェンジ、グローバル取引の拡大現象によって、日常身近なものとして、定着していることがみられる。その一つの現象が、広告の法的特性を考察するために不可欠な「契約の約款現象」である。

約款とは、**資料3－1**に示すように民法で言う当事者の「合意」とは異なり、多数の取引を効率的、画一的に処理、対応するため、契約内容を定型的に予め企業サイドで作成し、大量締結を可能にする「契約条項」である。この時、消費者はこの契約内容について、交渉権をもたず、選択権のない契約行為（附合契約、商慣習法）にあたる。したがって、約款は契約上、企業サイド（広告主体）が一方的に優位に立ち、消費者は契約締結を事実上強制されることになって、当事者間対等の原則など成立しないことになる。しかも、日常経験する契約には、この契約形態が頗る多い。保険、交通サービス、通信販売など、原則として、行政法の後ろ盾を得て、拡大するばかりである。

約款は、公的規制がおよばないなど多くの問題点をかかえているが、民法における契約自由の原則、商法の画一主義を尊重し、安定した経済活動、市民生活を維持するために、この約款を活かすことに注力される現象が広くみられる。これは「契約の概念」が法の概念から逸脱し、倫理の概念にまで拡大していることを示している。すなわち、現実に動いている実務に対応できる「しくみづくり」がもとめられることになり、現実の取引に民法の基礎を固める姿が映し出されるものである。

われわれが、これまで広告における契約性について考察し、関心を示してきたのは、この約款性のもつ概念が、広告の持つ法的特性と解される側面を持ち合わせているからである。

広告の約款性

広告は契約以前の行動であり、契約にかかわりを持たないものとされてきたが、二一世紀に入り、契約者にかかわるものとして把握しなければならなくなってきた。ここで言う「契約」をどう位置づけるかを明確にしなければならない。**資料3-1**をあらためて確認しよう。約款と共通点をもっている広告は依然、一方的で、約款の域を出ることにはならない。

われわれが、日常「広告の契約性」と称しているのは、右記のとおり、法的には「約款性」と言い換えなければならないであろう。このことは、広告が一方的な提示であり、受け手の読解力に一任されていることから、広告がやらなければならない課題を明確に教示してくれる。

この「広告における約款性」を提言されたのは、桜井（一九九九年一〇月）である。広告の同一紙面、同一画面には、広告性と約款性が存在し、これを適切に把握し、理解することによって、私法と行政法との一元的な理解が深まり、それぞれを有効に機能させることも可能となる。すなわち、広告における契約上の本質を質し、広告の法的特性を一元的に理解を深めるという貴重な提言である。また、われわれが実務上、やらなければならない倫理の実践内容も明確になる。

広告の約款性について、景品表示法でいう表示の定義、不当表示の側面から考えてみよう。**資料3-2**に示すように、広告は表示の一部とみなされる。実務面で表示が広義と狭義の区別を要するのは、特にマスコミ広告の出現以来、分離、独立したかたちで機能してきた背景によるものである。

われわれが、これまで「広告の契約性」を云々していたのは、同一画面、同一紙面、同一サイトにおける約款性の強弱によるものであり、広告の義務とか責任とかの一面がクリアにされることになる。すなわち、広告表現に対する意識改革がもとめられることになる。これまで、クリエイティブにこの約款性を意識してこなかったこ

〔資料３－２〕　広告の持つ「広告性」と「約款性」

広告と表示		特性	行政法の規制	関係法
表示	広告（同一画面、同一紙面）	広告性 民法の対象外 クリエイティビティ	虚偽、誇大、社会的妥当性欠如	不当表示関係法
		約款性 合意でない契約 「契約内容、条件、約束ごと」	表示方法	民法と消費者契約法の整合性
	表示（狭義）	商品、パッケージ、容器などの表示、取り扱い説明書など	表示義務	それぞれの業法

と、広告性と約款性が混在しているために、行政法の整理を怠ってきたこと、広告法規を「規制、制限」と捉えて、表示と広告の区分すら議論されてこなかったといえよう。

広告の現場においては、この広告性と約款性の区分も明確でないケースも多い。たとえば、「約款」の認識に温度差、食い違いがあるもの、約款内容が広告面に明確に表示されているもの、表示はされていないが、広告表現から読み取りが求められるものなど多様である。この約款性を広告の法的特性としっかり念頭において、議論を重ねて、クリエイティブ・マネジメントの核に持っていくことが重要となる。なぜならば、約款性の特性に関しては、広告の送り手は言うにおよばず、自立と契約力をもとめられる受け手の市民、消費者にも広告リテラシーが必須条件として求められてくるからである。

約款による拘束力の排除

広告の契約性、法的特性を「約款性」と捉えることで、広告の実践項目が明らかになり、広告研究は一歩前進することになるが、ここで、広告の実践力が問われる課題が浮上することになる。「なぜ、消費者が、合意なしにこの約款に拘束されなければならないのか」、「この拘束力を広告の実践を通して、どう排除するのか」、あるいはこの拘束力を認めるとするならば、これに対応できる「仕組み」をつくらねばならないという難題が存在することになる。合意のない約款は、広告情報の非対称性を一層、増長させる危険性を孕み、広告倫理の課題に対応する活動に反することになるからである。いいかえれば、これに対応できない広告は、社会から是認が得られず、広告効果も期待できない。

そのために、どうすればよいのか、どうしなければならないのかの一端を考えてみよう。

その第一は、広告倫理と広告法規の一体研究である。

広告における約款性の課題対応にあたり、法規の規制力にこれを任せることはできない。約款には経済効率の側面と同時に、弱点、欠点も多いが一般的な約款規制法は見当たらない。これまで、法規と倫理はお互いに補完する立場にあると理解してきた。しかし、これは「倫理と道徳」の区別すら出来ない、「広告倫理とは何か」が広告事典にも見当たらない環境下のことである。この時の倫理とは、自主規制、倫理綱領のことである。因みに、広告法規の構造は、法律（広告六法）とこの自主規制に大別できるが、この中間に公正競争規約という指導性と自主性が巧みに仕組まれた法規があって、法規の複雑さをここに集約して、法規の実務マニュアルとして機能している。本稿でいう広告倫理とは、繰り返しになるが、これらの広告法規が支援するシステムと捉え、新しい価値を生み出そうとする実践活動であった。もう一度、広告の本質を問い質すために、契約という視点から倫理と法規の位置づけを明確にし、法規の持つ「制限、規制」という概念を払拭しなければならない。

第二は、広告リテラシー教育の充実である。これは、送り手（広告主体）の教育だけではない、受け手（市民、消費者）も広告の約款性が持つ意味を理解しなければならない。この広告教育には広告を読み解くポイントが、プログラム化されなければならない。

第三には、クリエイティブ・マネジメントの核となる「新規性と有用性」は、力強い広告表現力と同時に、広告のもつ約款性をどれだけ、しっかりと意識づけられるかにかかってくることになる。広告の表現コンセプトにこの「約款性」を取り組むことが不可欠になる。その根底には、クリエイターの表示作法の概念が定着していることになるはずである。

広告表現における契約責任は「約款性と教育性」の視点から捉えることにあり、創造力と想像力を同時に満足させることがクリエイティブ・マネジメントの前提条件となる。

これにより、広告の見方、見るポイントも明確になって、広告を評価する眼も変わるはずである。広告作品の賞にも、この視点を加味することによって、一層意義のあるものとなろう。そのため、広告作品の一点、一点に約款性のもつ意味が投影されなければならないことになる。これは、約款性は契約上の「意思」が主題ではないがために、広告の送り手、広告主体に積極倫理が問い質される社会であることを意味しているのである。

(3) 社会契約論の展開

社会契約は、自由な社会の原理である。

社会契約論の源流は、政治学理論として政治権力の正当性を述べたものであるが、道徳規範が有効的に成立するための基本条件は、当事者間に道徳規範を設定する意思が存在し、従来のように企業が加害者で「消費者が被害者」では正当な契約は成立しない。コントラクタリアニズム（contractarianism）とは当事者双方に合意や契約概念が存在する関係にあるかどうかである。自主と平等を原理とする近代社会や国家の形成に重要な機能を果たしてきた。

二〇世紀後半の社会正義論は、これまでのホッブス、ロック、ルソーの提唱する古典的社会契約論とは異なり、功利主義の欠点（例えば、弱者救済など）を克服し、規範倫理学に光をあて直し、応用倫理学への展開に大きなヒントを与えることになった。ロールズの著『正義論』（一九七一年）によって社会契約論の復活がなされたとされ、さらに未来倫理（世代間倫理）への視野を広めたともされる。

ロールズの社会契約論には、「真理の合意説」、「コミュニケーションと討議の倫理学」を提唱する超学際のハーバーマスの理論とも共通点がある。

〔資料3－3〕　2つの契約概念

2つの概念	思想	ポイント	目的
社会契約論	ホッブズ、ロックなど	合意の厳守で道徳性はあと追いとなる	国家は個人の生きる手段
契約論的倫理学	ゴーティエ	信頼を前提にした意識的な合意形成	自己利益の実現

ロールズの正義論のポイントは次のように自由を多様性に置き、多用な価値観をもつ人々への対応は「公平」でなくてはならないとし、誰もが合意できる正義の原理を導き出した。彼の原理でもっとも優先されるものは「自由」であり、この重要な自由を実現するためにのみ自由は制限を受けると説く。第二は多様なる才能こそ、社会全体を豊かにする。このため完全な平等主義は採らない、合理的な議論によって「正義の原理」を導き出すもので、ハーバーマス（第五章）とともに現代倫理に影響を与え続ける。

古典的社会契約論が批判されるもう一つの理由は「あとづけ理論」というものであった。これに対して社会契約論をビジネスに生かそうとする展開理論がみられるようになった。「統合的社会契約論」とされる経営倫理の展開論である。これは右記のロールズ、ハーバーマスが大きな影響を与えている。

この統合的社会契約論とは、古典な社会契約論を経営倫理の分野に展開させた理論で、一九九四年に企業倫理学者のドナルドソン（Donaldson.T.J）とダンフィー（Dunfee.T）の提唱したものであるが、ここには現実性と倫理性の統合がみられ、経営組織や団体、組織それぞれの規範の妥当性が固有の「合意」に基づいているかどうか。「超規範」という観点から判断し、倫理的ジレンマに陥ったときには現実的な行動指針を示すことが目的となる。経験則にもとづくルール化の原則が生きる。

広告と消費者との関係が、倫理的ジレンマに陥らないためには、送り手、受け手の関係は「消費者は被害者」という関係であっては成立しないことになる。

広告を倫理の概念で捉える時、二つのスタンスがある（**資料3－3**）。

現実の課題として広告と消費者との関係だけではなく、広告取引上におけるＢ to Ｂ

の関係が存在するからである。前者はまず社会契約論的に考察するのが効率的であろうし、後者の関係は契約論的倫理学がこれにあたることになろう。

この差異について触れてみよう。社会契約説の考え方が契約によって国家の成立を説明しようとする理論からスタートし、個人がよりよく生きる手段として国家をとらえる。倫理学的にも大発展を遂げてきた。合意事項を遵守するというスタイルで事後に道徳性が発生する。

これに対して広告取引における契約概念はＤ・ゴーティエ（David Gauthier　カナダ、一九三二年～）はホッブズの研究者としても有名であるが、契約による合意事項として倫理を説き、倫理は自己利益実現のための手段であるとした。これは規範的にパートナーと捉え、信頼を前提とし、最初から道徳的主体を合意形成のプロセスとして意識的に行われる。

二、自由と責任

(1) 表現の自由

自由という状態

言論の自由について、厳格な制約に賛意を示した哲学者として有名なのがプラトン（前四二七～三四七年、著『国家』）であり、自由は哲学、倫理の基本原理である。このため、多くの哲学者たちがこの自由について有名な言葉を残している。

Ｊ・Ｓ・ミル（一八〇六～一八七三年）の言葉に「自由は幸福と社会の発達をもたらし、新しい文明を生み出すはずである」（著『自由論』）。

自然科学など他の学問が事実判断の理法であるのに対し、倫理とは価値判断の理法である。ここに人間の自由が存在し、この判断と行為については自ら責任を引き受けなければならない。こうしてカント（一七二四～一八〇四年）の義務論、ベンサム（一七四八～一八三二年）の原理が市民の倫理として受け入れられ、成立したものである。

フランスにおける実存主義の哲学者Ｊ・Ｐ・サルトル（一九〇五～一九八〇年）のことばを思い出してみよう。「人間は自ら自由に自己の行為を選択するが、この自ら選んだ行為に対して、全面的に責任を引き受ける運命にある」（著『実存主義はヒューマニズムである』）という。

自己の行為は社会に影響を与えるため、社会全体に責任を負う。殊に影響力の大きな広告ほど顕著であるが、影響力のない広告は経費の無駄遣いで反倫理行為である。いずれにしても自由を前提として成立する広告には大きな責任を負うのは、広告が自らの自覚と理性的意思においてなされる行為であり、広告倫理における「自由と責任」はその主題である。

自由の中でも特に、表現の自由は民主主義社会の基本であり、個人的意義と社会的意義をもっていて、個人の幸福と社会の発展の基本条件とされてきた。自由は哲学、倫理学の基本原理で、ミルの著『自由論』（一八五九年刊）は自由の保護と多様性を認めることで幸福の最大化がはかれると説き、功利主義の修正者として古典的存在である。

この表現の自由の原理についての重要性は、人間尊厳の核であり、その保護は文化社会における重要な指標とされる。しかし、この自由には自由の表現権を行使するサイドと受け手では全く異なる特性をもっている。受け手にとって価値ある情報も、価値のない情報も表現の自由が保護される権利をもち得るからである。

また、自由は孤独を招きやすく、自由ほど簡単に壊れてしまうものはないという特性をもっている。

この自由を阻害するものは司法権や行政権ばかりではない。この価値のないとされる情報から受ける受け手の

「感情」「葛藤」が、広告における表現の自由を奪い、信頼という財を失した例は数えきれない。

表現の自由に関し、「自由への干渉が正当化されるのは、それは他の人々に危害を及ぼす危険がある場合だけである」とミル（危害原理『自由論』）は言い、一般的には、表現、言論の自由は「責任をもって行使される時にはじめて真の表現、言論の自由」ということになる（ナイジェル・ウォーバートン、二〇一五年）。法（正しさ）の原理を「自由」に置くヘーゲルの「自由についての理念の本質」は、欲求を抑えることを自由の条件としない。社会の中で、善きことについて相互了解できるような状態をいう。

広告における表現の自由

一般に表現とは思想や感情を表情、身振り、言語、芸術作品などによって表すことであり、表現をエクスプレッション（expression）というように内に秘めたものを社会に表出する意味をもっているが、鷲田（二〇一六年）は「表現をするということは社会を変える方法を手にすることだ」とされる。

「広告表現とは、広告目標を達成するために、広告主の伝えたいポイントを想定したターゲットが理解されやすいように伝える広告物を企画・制作することである」（嶋村、二〇〇八年）とされるように、明確な目標、戦略性を包含したコンセプトに基づき作成されるもので、表現の「自由」は放縦とは違い、誰もが何らかの制限があり、その制限の必要性を認識しているはずである。すなわち完全な表現の自由は特に広告においては求められているわけではない。

哲学者アイザイア・バーリンはこの自由について消極的な自由、積極的な自由の二つの概念を示した。消極的な自由とは、制限がないなら、すなわち強制が不在なら消極的な意味で自由が許される。積極的な自由とはやりたいことを現実に達成する自由である。

広告における表現の自由について、嶋村（二〇〇八年）は「営利的言論に認められる表現の自由」で、「ある種の制限の範囲内にあると解釈されることが多い」とされる。例えば文学的作品は公表すること自体が目的であるのに対し、広告の場合はその目的は広告活動を通して、広告主の目的達成を意図した活動である点が大きく異なると明確に示される。

この広告における表現の自由の価値はつぎのとおりとなろう。

第一は　自由が革新をもたらす点である。

「革新」、「新鮮さ」が現在経済学の期待される基本テーマで、未来やグローバルへの対応課題である。

第二は　自由と責任の関係が自立的人格を維持するうえで最も重要なことである。

第三は　広告に自由が担保されることで「真実性」が生まれ、広告が情報としての価値をもつことになる。

これら、いくつかのメリットをもつ自由にどう対応すべきであろうか。

まず、広告表現の自由の制約について、従来どう対応してきたのであろうか。一般には、この保障の原則は次の手順ですすめられてきた（梁瀬＝岡田、二〇〇三年）。

広告における表現の自由の制限は、政治の報道、芸術の上におけるそれとは明確に区別し、その差異を認めざるを得ないことを確認した上で、次の手段ですすめられてきた。

① 表現の自由は最も保障されるものの一つである。したがって、その規制は最小でなくてはならない。

② 規制を必要とするならば、自主規制に委ねるべき性格のものである。

③ 自主規制では防ぎ得ない害悪があるならば、いたしかたなく法的規制に委ねられなければならない。

いずれにしても、このように表現の自由は広告の核心的価値であり、責任を負える自由である。この自由を行使する条件とは、①参加することで、与えられるものではなく勝ちとるものであること、②思慮が伴うもので、自由の行使に伴う思慮の領域を広く持つこと。目的を設定し、これをどう達成するかの思慮が求められるポイントとなる。

重要なポイントは「表現の自由」が表現の自由を滅ぼす危険性でもっていること、もう一つは広告法制は倫理を前提に成り立っているが、根源的な自由を生かし切る広告倫理の実践行動は「倫理コミュニケーション」（第五章）にあることに注目したい。

(2) 広告の責任

責任の体系

まず、伝統的な責任論をみることにしよう。これは故意、過失と同視する十九世紀におけるドイツ刑法の主流を占め、「心理的責任論」とされるもので、馴染んできた責任論であるが、二一世紀の広告倫理からこれをみれば、消極的な倫理責任論と映ってしまう。

①法的責任論

違法行為責任で、過失を原則とするが、広告法規の場合、特別法による無過失責任が多くみられる。

②道義的責任論

伝統的な理論ではあるが、文化や風土が育っていない環境では曖昧な対応がとられて、学習効果が得られないケースが多い。この結果、応用倫理の始動を遅らせたとも考えられる。これは違法行為について、行為者に対する道義的な非難可能性を問うものである。

③社会的責任論（性格責任論）

ここでいう社会的責任論はいまでいうＣＳＲとは異質のもので、性格責任論ともいわれてきたものである。刑法学、社会防衛論から提唱されたもので、犯罪行為による危険性を社会から排除することに主眼が置かれる。

④人格的責任論

後天的で、人格形成過程において非難に値する限り、責任非難の対象とするものである。

こうした「心理的責任」の責任要素である故意、過失を責任の領域から排除し、「期待可能性」を責任の中核に置く「規範的責任論」が二十世紀後半になって出現したが、これが定着して応用倫理に寄与するのはこれからだと考えてよかろう。この期待可能性については、消費者、市民に自主性、契約力強化が本格的に受け入れられ、広告リテラシーの普及によって、一層重要なキーワードとなる。

二一世紀の広告責任論

広告に関する責任のポイントは二一世紀に入り大きな変化がみられるのではなくて、「変化しなければならない運命」にある。責任といえば法的責任を主とするものに主眼を置いてきた。二一世紀には広告の応用倫理という視点から、この最低基準である法的責任をも巻き込んだ価値創造の倫理として位置づけがもとめられることは当然のことである。いわゆる「広告発展の責任論」である。そのポイントは次の三点である。

①期待責任論

規範的責任論が支配的見解であるが、これは「期待可能性」を責任の中核要素とするものである。この期待可能性とは、「行為者が適法な行為を選択することが期待できる状態にあったにもかかわらず、違法な行為を選択したことによって行為者に対し非難が可能となる」、すなわち、行為者の責任が追究されるのは、普通人であればだれでも適法行為をとることができたのに「その期待を裏切り違法行為に出た」場合である。

これは広告倫理における責任論を考察する上で重要なポイントを教示する。一つは一般消費者、市民の広告に対する期待基準が責任の判断基準になること。二つ目は、この期待基準は倫理レベルに左右される。このため、広告倫理上あまり意識しなかった「期待の裏切り行為」は有力な責任理論となる。三つ目は、期待に反する行為が広告の信用、信頼に直結し、価値創造に反するものであるという認識を高め、倫理の意義に意味をもたらすものになるのではないかという期待が生まれることである。

これまでの広告事件や論争まで至らないささやかな呟きの中にも、この期待に反する行為としてとりあげられて当然のものも散見される。

代表的な事例として、新聞に掲載された広告について、媒体社としての期待に応える表現責任がある。一般的には「新聞の広告貸座敷論」、「広告に関する新聞社の免責論」ともいわれ、具体的な事件としては「日本コーポ広告事件」（一九九八年、最高裁）がある。「これは読者の期待に反する行為ではないか」（岡田＝梁瀬、二〇〇六年）、「論理性に正当性を認められない」（疋田、二〇〇〇年）、「新聞社のブランド論、功利性から論じたもの」（木原、二〇〇九年）など、新しい広告倫理のめばえ、視点が感じとれる言及がみられる。

広告タレントによる広告の幇助事件もこれまでは調査義務違反として取り扱われてきたケースが多いが、消費者の期待基準に焦点をあてた視点でとりあげる必要がある。

②共同責任論

古典的責任論である道義的責任論の延長上にあって、広告では広く該当するものと考えられる。これまでは該当するものと分かっていても「沈黙」、「黙視」の壁に遮られて意識レベルに達していなかったものも多い。新聞社が同紙に掲載した新聞広告の表現責任は負わないとする前述の「広告貸座敷論」や提供番組に対する広告主の責任などはこれにあたる。相互依存関係で成立する広告作業に関わるものが共同して責任を負うという考え方である。

広告の作業体系では、この共同責任論は広告主、広告会社、広告制作会社、媒体社はいうにおよばず、経営責任、取り扱い責任、利益責任を負うが、広告の受け手である消費者、市民も広告責任論の概念に含めて考えなくてはならない。その背景は消費者基本法にあることは本章でも述べたとおりである。この横断性を有する共同責任はCSRの概念には存在しない広告倫理の特性である。

③社会化責任論

これは伝統的には、社会的責任論、大局的な広告責任論ともいわれたものである。広告倫理の特性からみて、「広告の社会化責任論」とする方が適切ではないだろうか。これは広告倫理の積極的な分野に属するもので、その対象として、岡田（二〇〇七年）は次の七項目をあげている。

自由で公正な競争の責任

教育上の責任
広告ビジネス上の責任
メディアの育成責任
権利保護と権利の有効活用の責任
表現の自由を守る責任
広告倫理を体系づける責任

④未来責任論

従来の責任は「行為と責任」の対応関係にあって、倫理学上の「同時的相互関係」の問題が主題であった。しかし、これを超越した遠隔責任の概念も広がりを見せる。一つは時間的遠隔の世代間倫理であり、もう一つは同時代における地理的遠隔責任を取り扱うものであって、グローバル時代に対応する応用倫理共通のテーマとなる(第七章)。

プロとしての責任原理

「ノブレス・オブリージュ」(noblesse oblige　仏)ということばが有名である。

直訳すれば「貴族の身分は義務づける」となるが、これは中世ヨーロッパの文化を表徴する特権に伴う特別の義務であり、同時に特別の責務を担うことが特権を正当化する根拠をなすという合意を示すものである。アメリカにおいても責任を負うべき人に向けられる一言に「大いなる力には大いなる責任が宿る」があり、「リーダーシップ論」によく引用される。

現代社会においても自尊と責任意識の表現として、これらの格言が通じ、社会的地位、立場、機能にふさわしい役割責任を果たすことが暗黙のうちにもとめられているものである。

同様に社会的に影響力のある広告ほど倫理の重さを背負い、逆に倫理問題と関わりをもたない、すなわち社会に影響をおよぼさない広告には、広告としての価値が存在しない。この価値のない広告は倫理性に反する代表的なものとされる。

応用倫理として社会に影響力をもつ職能集団、プロ集団には、それぞれの責任について倫理綱領の冒頭にこれを明示している。

日本原子力学会の倫理規定には「会員は、公衆の安全を全てに優先させてその職務を遂行し、自らの行動を通じて公衆が安心感を得られるよう努力する」と定められている。日本アドバタイザーズ協会の倫理綱領にも「協会加盟会社員は責任ある立場を自覚し、行動指針に基づいて、公共性を配慮した真実を伝える広告によって社会の信頼を得る努力をする」とある。

社会に大きな影響力をもつ職能集団、プロ集団が担う公衆、市民、消費者に対する責任は、創造力と想像力を備えたプロの責任としての中核をなすものである。

では広告の責任に関する原理はどこにもとめたらよいのであろうか。

第一は「契約の責任原理」である。

本章でとりあげた契約概念の倫理は民法でいう「契約」だけではない。広告ビジネスの契約はそれに直接該当するが、著作権の所属問題にみられるように、十分な議論がなされるはずの契約当事者間対等の原理が活きていない。企業と消費者の関係はこの社会契約による概念で構成される。

プロが自発的にその立場を引き受けた以上、それに伴う責任を引き受けなければならない。

第二の原理はリスク・コミュニケーション参加の義務が生じてくるため、「想像力の責任原理」である。あるいは配慮、思慮の責任義務と言ってもよいだろう。反応の大きい広告を社会に送り出せば、どのような影響を社会におよぼすか、想像力を磨きあげなければならない。

このとき影響力が大きく損害を生み出す立場にあることも事実であり、損害、危険をひき起こし得るために特別高いレベルの配慮がもとめられる。

第三の原理は広告倫理がメディア倫理と重複するエリアから発する「公共性の原理」である。これはメディアからみれば「メディアの公共性原理」となり、メディアの社会的責任を意味している。

メディアの広告責任に関するチェックポイントはつぎのとおりとなろう。

① 広告表現内容についての責任問題
② 読者（視聴者）の期待責任論
③ メディアのブランド価値問題
　消費者、広告主のメディア評価、媒体価値の維持向上
④ 意見広告、政策政党広告への介入問題

一般にマス・メディアの責任は社会的責任と同義に取り扱われることが多いが、これは新聞が公器であり、責任ある言説（ことばによる思想や意見）が報道の根幹、社会のインフラであることの証である。

公器であるため、消費税の軽減税率の対象になるのか、活字文化は「思索のための食料」で、食品同様の税率対象とするものである。因みに、ヨーロッパ諸国においても、一般消費税に比し、定期購読の新聞の税率は格段に低率を採用している。英国、デンマーク、ノルウェイでは、新聞は無税（〇％）である。

この論法は、メディアのもつ価値、機能と責任を果たし得るレベルによって公器かどうかの判断が示されることになる。

(3) 自由を奪う不当表示行為

不当表示の新定義論

不当表示は広告の反倫理的な行為の中で、もっとも代表的で、かつ広告の本質に触れる基本的な問題である。

これまでマーケティングや広告の事典でも、この定義に関しては景品表示法の枠内から出ることはなかった。す

なわち、「虚偽・誇大」にとどまっていて、ごく一部を対象とし、社会的な視点が欠落した状況の下にある。これは、不当表示が広告研究の対象とされず、反倫理性が広告効果論からも論じられることが少なかったからであろう。

一般には、不当表示とは「法の規定に反し、不実な表示によって消費者を欺瞞する行為」となろうが、不当表示行為により、どのような影響が醸成され、どう対応するかの段階にまで踏み込んだ定義づけと実行が求められてきた。そこで、本書では不当表示を次のように定義づけた。

不当表示とは

公正な競争による経済の発展を阻害し、消費者のもつ「商品やサービスの自主選択権」を奪う不当な表示行為である。その対象は「虚偽・誤認」表示、すなわち品質と価格の不当表示のみならず、不正競争による「混同・冒用」、「権利の濫用・侵害」、表示の不備や瑕疵による「錯誤・誤導」、公共性軽視、公序良俗違反、社会的妥当性を欠く「不快感の創出」の五類型におよぶ。

これらの不当表示は社会の理法に反し、自由を拘束するとともに、倫理の蓄積によって築かれてきた広告文化を崩壊し、広告全般に対する信頼性を失墜させる代表的な反倫理行為である。

この定義は、「広告が、自由と公共性を一致させる作業体系である」とする代表的な規範倫理の原理に基づくものであり、また広告倫理は広告効果と一体化して論ずる広告効果一体論（広告効果還元論）や「倫理の蓄積こそが広告文化である」とする広告文化論をこの不当表示の定義づけに加味したものである。日常的に発生しやすいこれらの不当表示は定型的にリスク・マネジメントの立場から「組織体制の問題点」「管理・監督体制の問題点」「法令遵守に関する問題」として対策が講じられるが、根本的な解決にならない場合が多い。不当表示に倫理がかかわってくるのは、倫理を背景にした堅固な広告文化が構築できていないと、不当表示の再発をも防止できず、法の外圧によって最も大切な感動を与えるという広告表現活動が難しい環境を生み出しやすいからである。

〔資料3－4〕　拡大する「不当表示行為」

類型	内容	代表的な法規など
第一類型 品質・価格の 「虚偽・誤認」	優良誤認（品質不当表示） 有利誤認（価格不当表示） 指定（おとり広告、原産国表示）	景品表示法 協定、規約
第二類型 不正競争による 「混同・冒用」	周知表示混同惹起行為 著名表示冒用行為 商品形態模倣行為 原産地等誤認惹起行為 競争者営業誹謗行為	不正競争防止法 景品表示法
第三類型 「権利の濫用・侵害」	次の権利侵害行為 産業財産権 著作権 肖像権 営業表示権、 その他の諸権利	産業財産権法４法 著作権法 民法、判例、商法 不正競争防止法
第四類型 表示の不備・瑕疵による「錯誤・誤導」	表示環境、 表示方法の不備、 説明義務違反、 契約取消に該当する「誤認」、 曖昧な表現	消費者基本法、景品表示法 民法、商法、消費者契約法 電子消費者契約法 自主規制、倫理基準
第五類型 公序良俗違反による 「不快感の創出」	人の心を傷つける不快な表示 公序良俗に反する表示 責任が不明確 教育政策に反する行為	民法、条例 自主規制、倫理基準

拡大する不当表示行為の対象

不当表示かどうかは「快く、自主的に商品選択ができる表現かどうか」にかかり、その対象は拡大する広告環境にある（**資料3-4**、詳細な解説は岡田（二〇一四年））。この不当表示行為は意図してやったかどうかは問われず、やった結果が問われる。このため、広告がどのような結果を生むかの豊かな「想像力」がもとめられることになる。

不当表示のキーワード

虚偽、誤認、混同、フリーライド、産業財産権の濫用、権利の侵害、人権侵害、中傷・誹謗、プライバシーの侵害、不快感、政策に反するもの、非教育的なもの、ミスリード、錯誤、表示の瑕疵、表示の環境不備

なお、こうした社会の理法に反する不当表示行為は、三つの側面から視点があてられる。第一は「表現の自由に関する担保論」であり、第二は「倫理を前提とした広告法制の特性論」、第三は「倫理の社会支援システム論」である。

三、消費者は広告の契約当事者

(1) 消費者の自立主義

経済学の基本原則の一つに「消費者主権の原理」がある。これは消費者自身の選択力こそが効率の実現という

〔資料3－5〕 消費者の憲法

消費者の憲法	ポイント	効果
消費者保護基本法 (1968年)	1 消費者の保護 2 表示の規制	1 消費者関連法の整備 2 公正競争規約の認定 3 消費者運動の後押し
消費者基本法 (2004年) 改正、改題	1 消費者の権利尊重、自立支援 2 消費者の契約力 3 事業者の責務、特に「表示」 4 消費者教育	1 景品表示法、消費者契約、法との連動 2 公正競争規約の見直し 3 競争政策と消費者政策の一体化 4 消費者庁設置、法の整備

規範的価値を有し、規範的命題として理解されてきた。この消費者主権を概念どまりとせず社会システムとして構築することは古くから経済学のテーマであった。

二一世紀の自立する消費者は商品やサービスの自主的な選択力を身につけるだけではなく、ジョン・K・ガルブレス（一九五八年『ゆたかな社会』）がいうように、このことによってクレーマーを生み出す危険性もあるが、自らの欲望を他律的につくり出す力をもつことになる。自主的な選択は、納得であり、快い買物を意味し、広告効果も高め、市場の拡大をはかることである。

確かに、政府依存による消費者保護の社会は、ほのかな温かみすら感じるが、自己責任や契約力が問われる社会では、社会システム、教育、技術的支援や補完がない限り窮屈そのものである。二〇〇九年の「消費者庁設置」と消費者の憲法とされる二〇〇四年の「消費者基本法」（改正、改題）はこの消費者の自立主義を効率よく実行に移すシステムづくりの第一歩なのである（**資料3－5**）。

これによって「広告の送り手は加害者であり、消費者は被害者である」としてきた常識は一変して、消費者が広告の契約当事者に置き換えられる歴史的な事項であるため、広告が現状の延長上にあるのではなく、広告の定義、広告の期待される機能に大きな変化をもたらすことになった。

すなわち、企業や広告は、消費者行政にも積極的に貢献しながら、日常の活動を通じて、消費者の自立を促し、広告が消費者に対し、契約力、自己責任力に応える活動ができるかが問われているのである。広告の送り手、受け手としての捉え方ではなく、消費者は広告の契約当事者という概念を理解し、自己判断による確信をもたせ得るマーケティングや広告の作業体系がもとめられる。

(2) 消費者の義務、責任

「広告の社会的責任」についての研究は法的、倫理的な側面が伴い、消費者研究の中でも最も遅れている分野である。消費者に負わされる義務や責任を明確にすることにより、この側面に光があたることになろう。「義務」とは「人がその立場や職分に応じて、また道徳的にしなければならないこと」を言い、法令によって課せられる拘束もあって、「権利」に対応する概念である。しなければならない義務（作為義務）と、してはならない義務（不作為義務）がある。すなわち、社会にいる人の当然の「つとめ」となる。

一方の「責任」は、「引き受けてしなければならない義務」「自分が引き受けた任務、自分のしたことから起こる結果、負うべき責め」「法律上の不利益または制裁を負わされることで、民事責任、刑事責任」がある。

さて、消費者の権利については、歴史的にも有名なアメリカの「消費者利益に関する教書」がある。これは一九六二年三月一五日、ケネディ大統領が議会に送った、いわゆる消費者の権利で、「消費者が消費者の権利を行使するにあたって、連邦政府が消費者に対してもつ責任を果たすためには、これまで以上の立法的行政行動がなければならない」と述べ、続いて消費者の権利を次のように強調している。

① 安全であることの権利
② 知らされるべき権利
③ 選択できる権利
④ 意思が反映されるべき権利

〔資料３－６〕 消費者の義務・責任／事業者の義務

消費者の権利（２条）	消費者の義務（７条）
①安全であることの権利 ②自主的・合理的に商品やサービスを選択できる権利 ③必要な情報、教育の機会を得る権利 ④意見が消費者支援に反映される権利 ⑤被害が生じたときには、救済を受ける権利	①自ら進んで、必要な情報収集、行動につとめる義務 ②環境保全、知的財産権などの適正な保護に配慮する義務

事業者の責務（５条）
①消費者の安全、取引の公正 ②必要な情報を明確に、かつ平易に提供 ③取引に際する状況の配慮 ④苦情処理体制の整備 ⑤消費者行政への協力

「これらの消費者のもっている権利の獲得を推進するためには、政府の施策を強調するとともに、行政組織を改善し、ある分野においては新しい法令を制定することが必要である」とも述べている。

これは当時の消費者保護の思想を理解する上で、重要なものとして受け取られ、世界中の消費者保護行政の推進に大きな影響を与えたものである。日本でも「消費者保護基本法」（一九六八年）を生み出す契機となった。一九六〇年代は消費者保護が大きな社会問題としてクローズアップされた時代で、広告と消費者との関係は一面で「広告は悪いもの、消費者が被害者である」との思想が強く反映されていると解される。

こうして生まれた消費者保護基本法は、一方的な消費者の権利を基本にして、あくまでも消費者「保護」の立場を崩していない。したがって、施策の柱は、①危害の防止、②計量の適正化、③表示の適正化、④意見の反映、⑤苦情処理体制など事業者サイドの責務が主体で、これにより消費者保護関係法規や体制づくりに再検討が加えられたものである。

一九七九年、広告と表示の違いについて、「広告は消費者の選択・使用との関係では中間的な情報で、表示と同様の具体的内容を備えている必要はない」と発表した同じ国民生活審議会は三十六年ぶりのこの抜本改正に際し、「二一世紀型の消費者政策の在り方」（報告書）では法の見直しの方向性を明確にした。これは、「行政が消費者を保護することからの脱却であり、消費者の自立を支援する政策転換」である。

すなわち消費者は、広告においても契約上の当事者間対等の原則の上に立たされることになり、広告の契約性についいて広告のあり方、消費者の自立が課題の中心に移っている。これに対し、消費者の自立に広告がどう応えるかが広告の本質を質すものとなっているのである。

では消費者の憲法といわれる消費者基本法（法七〇）は、事業者や消費者にそれぞれどのような義務や責任をもとめているのか整理してみよう（**資料3-6**）。

当法の基本的施策は「消費者契約の適正化」（十二条）であり、広告六法もこれに呼応して契約条項の改変がすすんでいる。

この消費者の義務、責任や事業者の責務の各条項を担当業務の一つひとつに重ね合わせ、創造性と想像性を働かせて、広告の責任に書き換えねばならない。

四、説明と同意（インフォームド・コンセント）

システムづくりを学ぶ

広告倫理が契約概念を実践することにより価値を生み出し、広告文化として定着させることになる。その具体的な活動の一つにシステムづくりがある。広告倫理と同じ応用倫理に属し、研究開発の先輩格にあたる生命（医療）倫理に「情報を提供された上での合意」「説明と同意」の「インフォームド・コンセント」が問題なしとは

〔資料3－7〕 インフォームド・コンセント（医療の説明と同意）

手順	内容	倫理の実践
問題の確認 ↓	患者と医師の契約 「説明と同意」問題 医師等の責務	「契約の倫理」
理念との調整 ↓	善き医療の実現	「課題分析」
課題の共有 公開議論 社会の共感合意 ↓	医療法第1条4 「医師等の責務」の支援	「合意形成の倫理」 倫理コミュニケーション行為の実施 法の支援
実践のシステム化 ↓	公表、共有	「価値創造の倫理」
定着、普及 ↓ （修正へ）	医学教育の基礎学、現場での定着、研修マニュアル、反省の倫理	「文化構築の倫理」

言えないまでも医療の倫理制度を構築してきた。これは患者の権利の尊重という医療倫理の基本項目であり、ミルに由来する功利主義を根拠にしている。**資料3-7**に示すように、医療の現場における倫理問題を公開の場で議論を重ね、医学部の授業にとり入れ、研修で体験を重ねて、これを医療文化に定着させたシステムである。

この背景を整理してみよう。

治療には、まず患者自身が、その決定権をもつという生命倫理の原則がある。インフォームド・コンセントはこれに応えるために、応用倫理のコンセプト（透明性と説明責任）を実践に活かしたものである。これは、すでに一〇年以上の経験を経て、改善の余地は残っているとされるが、医学生、医療現場における必須の知識、実行システムになっていて、医師と患者の契約関係における倫理問題の「説明と同意」に対応するものである。

医師からは病状、治療の目的、方法、副作用、治療期間、治療費などについて十分な説明を行い、患者自身や家族がこの説明に同意することで、医師からみれば説明責任の実行であり、患者の決定（意思）が尊重される「しくみ」で、そのよりどころは一九九九年改正の「医療法」第一条四（医師等の責務）にある。

このインフォームド・コンセントが構築される以前は、「患者のもつ自己決定権を医師が侵害している」という倫理上の批判の的になってきたもので、医師の絶対的な信頼をベースにしたパターナリズム（legal paternalism父権主義＝お節介と不当な干渉主義）が幅を利かせていた。これが批判の的になったのは、医学知識の普及、医学技術の向上にあったことは、広告倫理や他の応用倫理にも共通する背景がある。

生命倫理における医師と患者の関係は、インフォームド・コンセント（説明と同意）のほかに、インフォームド・チョイス（十分な説明による、患者の治療法の自主選択）があるが、広告倫理における広告と消費者、広告取引上の相互依存関係における情報格差、倫理上の「ずれ」の問題としても共通点をもつのは、同じ応用倫理として、契約の概念で構成されるからであり、そこには倫理コミュニケーションと契約における公平の原則、すなわち「当事者間対等の原則」がこれを解く鍵となる。

情報格差、契約上の条件が整わないときには、その是正を求めて、積極的な倫理活動が展開される。医療のインフォームド・コンセント、裁判の弁護人制度もこれに当たる。

医療におけるインフォームド・コンセントが倫理課題の解決に特に注目を集めるのは、倫理上の「しくみ」づくりに論理性と具体性があって、倫理の基本概念の一つである「善」は、応用倫理ではこれが印象的・主観的なものではなく、「善き医療」の実現のための行動体系であることを、その手順とともに証明しているからであろう。

このインフォームド・コンセントの手順を整理したのが**資料3-7**である。これらの具体的な「しくみ」「システム」づくりは「共有」「議論」「共感」「合意」「文化の定着」がキーワードということになる。これは本書で提示する倫理の構築論が実践面で活かされ、機能している価値ある姿である。また医療現場における知恵の結集がみられ、「善の価値」を生み出すことに貢献している点に注目したい。このように他の分野における応用倫理から実践行動システムの構築と実践を学ぶ点が多い。

第三章の「契約概念の倫理」に関する「命題リスト」

- ●「広告は社会と契約している」
- ●「契約は責任の本質であり、普遍的規範である」
- ●「契約概念の倫理とは広告倫理の認識と信念を起動させる積極的な広告活動である」
- ●「自由の行使には広く、深い思慮を伴うものである」
- ●「広告の契約原理は約款性にある」
- ●「消費者とは、広告における契約の当事者である」
- ●「消費者は保護の対象ではなく、自立支援の対象である」
- ●「消費者は広告責任の概念の中にある」
- ●「自立の促進とは「契約力」を身につけることである」

これらの命題を批判し、議論のテーマとしてお使いください。

第四章　価値創造の倫理

▼「価値は根源的である」
▼「価値は理念づくりの基盤である」

一、価値の根源性

(1) 価値の創造

価値概念

「価値創造の倫理」とは、広告における「善の価値」を創り出す倫理であり、目的合理的行為である。また、人工的倫理体系としての広告倫理を組織行動として機能させるための倫理である。そのために求められる能力とは価値を創造する力であり、既存の価値を自省と批判によって相対化できる力ということになる。その基盤には、時間的（歴史的）、環境（慣習）、思想性が求められ、普遍的視野のもと、価値の相対化、価値の創造を可能ならしめる。

倫理学における「価値」については、価値のもつ主観と客観、相対性と普遍性を巡って争われてきた。ドイツ哲学で価値倫理の概念が問題視されたことがあるが、これはナチズムの価値判断における決断が政治的、道徳的な危険性をもたらすとする歴史的背景によるものである。

しかし、「英米の倫理学では、価値概念がこだわりなく用いられていて、メタ倫理学の議論の中心点を形成している」（ジープ、二〇〇七年）とされる。

これは特にプラグマティズムの倫理が社会をリードするアメリカにあっては、理解が得られやすい。

現在の応用倫理は価値判断、真実性を各分野の現場主義にもとめている。特に経営倫理や広告倫理などの経営活動としての実践倫理において、この価値や理念を組織倫理として共有し、その反映として広告文化構築に直結できる機能は重要な意味をもっている。

カントも「倫理は価値判断の理法である」とも言い、「価値は根源的なもので、規範の基礎であり、規範は価値や価値の認識を前提としている」（ジープ）のである。また、関係性の強化機能を有しているなど、応用倫理にもとめられる組織倫理としての実践行動に実用性を発揮することになる。

この価値創造には三つのポイントがある。

その第一は「目的論的倫理展開」である。

哲学的倫理学の二大原理として義務論的原理と目的論的原理が存在する。二〇世紀における広告倫理に進展が見られなかったのは、この目的論的原理に視点が注がれなかったからである。消極的倫理行動の代表とされる目的なき義務論は、感情的で一時的な現象に終わり、習慣形成の広告文化としての定着性を有しない。このため、関係者が倫理を共有し、組織行動をリードする原理が今回取り上げる目的論的倫理展開である。

明確な広告目標の設定と管理が広告効果の測定を可能にし、広告の定理であることを学んだと同様に目的論的倫理展開を効率よく、戦略的な倫理の確立が求められてくる。ここで義務論を否定するわけではない。明確な目的志向は、新しい価値のある義務を誕生させることになる。また善は正を前提としており、これまで忘れていた倫理の目的論的原理を組み直す作業が取り残されている。

なお、主題である倫理の価値を生み出すためには、二大原理、すなわち義務論的原理と目的論的原理に現実・現場主義を加えた三本立てで広告の価値倫理の原理構成ができあがる。広告倫理は実践行動論であり、現場での価値判断、合意形成、習慣形成が伴うからである。現実・現場主義は、しっかりした広告理念の上に立つことにより、しっかりとした広告の組織行動が執れることになる。

第二のポイントは、こうして創られた価値と広告理念との関係を取り上げなくてはならない。広告理念が応用倫理の中でわかりづらいものの一つとされるのは、その根底に概念上の安定性がないからであろう。

もう一つは「価値の理念への転換」である。因みに広告理念とは、理想ではなく、広告の発展と社会形成のために、明確に役立ち、公表され、支持の得られる組織行動向きに作成された信念である。

広告倫理の主たる実践行動には「広告の抱える現実」と「実現されるべき広告理念」との調整作業がある。これは両者のバランスをとればよいということではない。理念の共有認識を得るためのトランスレーション機能がもとめられる。この隔たりを通じて、善の価値を生み出し、「実現されるべき広告理念」へのトランスレーションの作業がある。

この現実と理念との隔たりの調整作業に機能するのが広告六法、自主規制、支援システムなどのルールであり、必要ならば「実現されるべき広告理念」を遂行するために新しいルールを設計しなければならなくなる。議論が行き詰まればこれらのルールに立ち返り、解決の糸口を探し求めることになる。本書では「循環型実践モデル」（後述）として提示している。

第三のポイントは「自由」が担保されていることであり、これは価値創造の前提条件である。

ビジネス上の組織論は、とかく「人間」を軽視する。倫理の基本は「感情」であり、個人の尊重が主題となる。特に広告はメディアの力対個人の関係を取扱う重要な作業体系である。

「自由は幸福と社会の発達をもたらし、新しい文明を生み出すものである」（ミル）。広告活動のすべてに、この「自由」が存在しなければ成立しないほど重要なものである。この自由には、競争と討論が不可欠の条件であり、また、自由は競争や討議を生み出す原動力でもある。ここにはルールを必要とする。この自由を保持するのが公平・公正の原理である。

広告における公平・公正とは、現在では格差是正の概念で捉えられ、経済学ではこの情報格差を「情報の非対称性」というが、格差是正は市場原理をうまく働かせる機能をもっている。広告取引上の条件整備、広告表現における競争条件の整備、権利の侵害、役割責任など、広告の自由を見据えた基本的な課題が存在する。

不当表示等の単純なものと思われるミスの繰り返しは、法的強化により一見して安心社会を生み出すが、これは信頼に結びつかず、自由の確保を難しくすることになる。

こうして構築される価値倫理は正の価値を超越して、「善の価値」をクリエイトしなければならない。善の価値を支える三原則は、正義性（共感、共有）、公共性（討議、合意形成）、持続可能性（広告文化の定着、システム化）を要し、広告や企業の理念に直結する価値がもとめられる。その価値の内容は、経済的価値、発展的価値、インフラ的価値、文化的価値であり、広告のしっかりとした意識的行動によってのみ、これが可能となる。

広告倫理に価値概念を導入することにより、次のメリットを生み出すことになり、また、実践倫理としてこうしたメリットを生み出さねばならない責務がある。

・組織倫理として実用性、現実性がある。
・価値の根源性が生かせる。

すなわち広告倫理を探り出す機能、新しい義務を生み出す機能、価値に理念の基盤性があること。
・多面的に整合性が保持できる。

・広告マネジメントの対象となる。
関係財、広告財となり、持続可能性がある。
・討議会話、倫理コミュニケーションを育てて、自由が生かせる。

価値の評価基準

企業文化、広告文化、すなわちこれらの「価値」の高低をはかる基準は何によるのであろうか。

人間や組織体は価値を追求することにより、成長発展をもたらし、自己の実現をもたらすものである。普遍性をもった価値の場合には、普遍的な理念としての価値を判断することになる。

実質的価値倫理学といわれるドイツのM・シェーラー（一八七四〜一九二八年）の倫理思想には、カントの形式主義的倫理学に対して、実質的な価値の概念を基盤とする現実的な倫理学を構築しようとする試みがみられる（大庭、二〇〇六年）。彼は情緒的なものを全体構造の中に積極的に捉え直し、評価しようとするものである。シェーラーは次の五つの基準を掲げて、価値の高低を明確にしようとしたもので、批判も少なくはないが文化の構築には、戦略性を常に意識してかからねばならない項目である。

① 価値は永続的（無時間的）なものほど高い。
これは、単発的な対応ではなく、地道に、体系的に積み上げることにより慣習としての「文化」を構築し、世代間倫理にまでこれがおよぶことになる。

② 価値担持者が分割されても減少せず、拡張されても増加しないほど価値は高い。
これは、価値管理はマネジメントとして戦略的に捉えるということを教示する。

③ 根拠づける価値は、根拠づけられる価値よりも高い。
ここで、戦略的行動と積極倫理の重要性が明らかにされる。

④ 心に深い満足を与える価値ほど高い。

現状にポイントを置いて、倫理と感情との関係を追究しなければならない大切なテーマである。

⑤　高次の価値ほど相対性を減じていく。

常に古典を訪ね、深奥な倫理の思想性から新しい発見を求め、実践を通して現場に定着させること。このように、倫理学の目的は、法的に何をなすべきかを教えるだけではなく、価値観の扉を開き、歴史的に発見された諸価値を体系づけることである。同時に価値意識を覚醒させ、豊かにその諸価値を味覚させ、広告の現実を媒介し、実践への情熱を培うことを意図するものであるといえよう。

また、広告倫理で価値体系を考える際にもっとも配慮しなければならない点は、文明の衝突論でいう「価値相対主義」についてである。

価値は状況により異なり、絶対的なものは存在しないとする「価値相対主義」に呪縛されて最初から価値論を認めない思想が倫理の発展に壁を創ってきたことになる。

広告倫理の現存する課題は広告主、広告会社、媒体社、広告制作会社などの有する独立した価値や文化の統合にある。

他人の立場に干渉しないでほしいというモラルの沈黙現象、いわゆる差異性のバラバラ現象と同一性の強制現象の中にある。これを救い出すのが積極倫理の活動であり、後述の「循環型実践モデル」にも見るように、現実に焦点をあてた対応をもとめることになる。その根底には、前述のとおり善の価値を支える三原則、すなわち正義性、公共性、持続可能性が要る。いずれも、是認を得るための「共感」がその基底にあるのは、感情が哲学の基本項目であることに由来する。

倫理の実践レベル

広告倫理と特に整合性を要する経営倫理においても実践レベル（**資料4-1**）は、「レベル1（コンプライアンス型）とレベル2（バリュー・シェアリング型）の統合型で対応しているのが実情」とされる（日本経営倫理学会、

〔資料4－1〕 企業の倫理実践レベル

レベル	タイプ	広告倫理の主要テーマ
1	コンプライアンス型 （法令遵守主体）	広告六法、倫理基準 当然の責務
2	バリュー・シェアリング型 （経営理念、価値の共有）	当事者意識、習慣形成 倫理コミュニケーション 実践モデルの開発
3	バリュー・クリエイション型 （善の価値創造、文化構築）	広告発展の原動力化 持続可能性

二〇〇八年）が、広告倫理は、どのレベルに位置するのであろうか。

レベル1の「コンプライアンス型」とは、「法令遵守主体型」といってもよいであろう。広告六法や自主規制に基づいて、予防的姿勢で対応しているものである。コンプライアンスは企業理念や広告理念には該当しない、企業としての当然の責務である。

レベル2は、バリュー・シェアリング型、いわゆる経営理念や広告理念に足を踏み入れた価値共有レベルであり、広告倫理の中心課題は「倫理コミュニケーション」にある。

レベル3は、積極的な倫理行動によるバリュー・クリエイション型、いわゆる広告発展の原動力とする善の価値創造、文化構築レベルである。

(2) 広告の価値構造

正と善

広告における「善の価値」とはなにをいうのであろうか。これは、ひとことでいえば「広告固有の機能を一〇〇％発揮すること」である。倫理の基本概念である「善」（究極の目標である最高善）は、人間的行為の成立の根底に現存する正義の構成要素であり、道徳でいう「正」を前提としている。「善」の価値は、規範倫理学の目的論的原理と義務論的原理に軸足を置いたものであり、「応用倫理」としての広告倫理の側面からこれを理性的判断や統制を機能する「現場・現実主義」としてどのように捉えればよいのか、その条件を整理してかからなければならない。

第一条件「現実的」で、かつ「是認」に値すること。

事実が真実であるかどうか、その真実は絶対的なものではなく、相対的であることからも判断基準は現実的・現場主義でなくてはならない。是認は共感・共有と同義であり、哲学的倫理思想をその背景にもつ。

第二条件「価値」ある「合意」に達すること。

合意はコミュニケーションの結晶であり、実践と同義である。モデル化によって合意が生きる。これによりさらには適合性のある運用へとすすむ。

第三条件「やりがいのある努力」によって、「価値」を生み出すこと。

目的論であるため、持続可能性、すなわち努力が報われ、広告の発展をもたらす未来性と進化に視点を当てた価値とそれに対応する広告文化構築の行動である。

変革・発展の広告倫理

では、こうした条件を満たす広告における「善の価値」を具体的にどこに求めればよいのであろうか。**資料4-2**は、その概要をとりまとめたものである。

なお、これらの「善の価値」はCSR（企業の社会的責任）と類似するところもあるが、CSRは責任論から発する経営学の一分野であり、相互作用はあっても根本的に異なる性格と機能を有しているものである。また、この善の価値は広告責任（第三章）に対応するものである。

この「善の価値」を支えるものとは、前述のとおり三要件であり、普遍性を有する特性をもっている。これは理論的に正しいかどうかではなく、また絶対的なものではない。積極的に、かつ具体的に議論をすすめなければならない事項である。

①広告の経済的価値

〔資料4－2〕　広告における「善の価値」

価値の種類	実践行動	メモ
経済的価値	経済的行動	広告として当然の経済的価値行動、広告の効果、目標の達成、ブランド価値、法令遵守
弁証法的価値（発展的価値）	発展の理性的行動	問題解決力、葛藤・矛盾・対立から発展を導く合意形成、広告の未来像、倫理コミュニケーション
大局的価値（インフラ的価値）	広告の特別責任行動	公正な競争、表現の自由、メディアの本質と育成、権利文化、教育、体系づくり
文化的価値（倫理文化的価値）	広告の倫理文化創造行動	倫理ベースの広告文化の構築、広告価値づくりの基盤、あるべき未来像の構築

広告は経済的行為であるため、この経済的価値は広告に課せられた当然の価値行動である。これまでの広告倫理の論及には、この視点が欠けており、倫理活動が経済的効果にブレーキをかける、阻害するものとして捉えられてきた傾向が強い。倫理を広告効果の対抗軸に置き、広告研究、実践面の両面において、「おまけ的存在」「付録的存在」であったが、倫理的判断、価値判断は事実判断（現場主義）であり、カント（一七二四～一八〇四年、ドイツ）のいう「経験によって研ぎ澄まされた価値判断力」は現場で育まれる。また、効果の得られない広告は反倫理的行為であり、広告的課題が顕在化して内部崩壊をもたらす。現在の広告効果論も「善の価値」という視点から根本的に熟慮し直す必要がある。

②広告の弁証法的価値（発展的価値）

弁証法とは、本来、対話や問答を意味したが、ヘーゲル（一七七〇～一八三一年、ドイツ、法哲学）は、これをすべてのものが矛盾・対立を契機にして、真理を見抜き「発展」していく理性的な運動の倫理と考えた。

広告倫理は、まさに葛藤・感情の問題であり、矛盾や対立の渦の中にある。弁証法的考察によって、問題解決に積極的に立ち向かい、これを乗り越え、広告の革新と発展の舞台に位置づけしなければならないところに二一世紀の広告課題がある。

③広告の大局的価値（インフラ的価値、社会的価値）

〔資料４－３〕　21世紀の広告マネジメント（実務レベル）

	目標	倫理教育	情報	コミュニケーション
20世紀（工業社会）	費用や情報の管理と活用	法令遵守規範	秘密	広告コミュニケーション
21世紀（情報社会）	価値の管理 価値づくりの基盤	倫理の実践と感度	共有	広告コミュニケーションと倫理コミュニケーション

広告が社会において、その存在を認められ続けるために、広告が自ら大局的に負わなければならない責任、広告に課せられた「特別な責任論」がある。これは同時に広告に与えられた社会的価値で、別名、広告の「インフラ的価値」を創り出すことと同義である。これらは広告の社会的責任ＡＳＲと重複する一面を有している。

・自由で、公正な競争
・広告教育
・公正な広告ビジネス
・健全なメディアの育成
・権利保護とその有効活用
・表現の自由
・広告倫理の定着

④広告の文化的価値（倫理文化的価値）

倫理をベースにした広告文化の創造的価値とその行動であり、広告界共有の「財」として蓄積されていくものである。これは堅固な広告理念を生み出し、ＣＳＲやブランド戦略の有効な支援機能を果たす。この具体的な価値づくりは「広告マネジメント」に拠点を置き、目標管理の対象とされる。

二一世紀の広告マネジメントのポイントは**資料4-3**に示したとおりであるが、倫理コミュニケーション構築の条件は、繰り返しになるが、それぞれの立場を超えた議論と合意に基づいたものであることはいうまでもない。

このように、応用倫理としての価値概念には、これまでの義務論に新たに目的論原理をすり合わせ、現場主義でしっかり受け止める必要がある。これにより、これまでの無関心、タブー視されてきた「広告倫理」に関心を寄せ、「沈黙の倫理」から「実行、実践しなければ損をする」、「当事者意識」が芽生えるはずである。このため、広告倫理の研究投資にもっと焦点が当てられなくてはならない。

二、目的論的倫理展開

本書で提示する広告倫理は、価値をその行動の対象とみなす「目的論的広告観」である。一切の広告観は一定の目的によって合目的に規定されているという見方で、広告を統一的に説明する原理として「目的」を導入することにある。これにより、反省的判断力、発展的判断力（倫理的討議、倫理コミュニケーションを要す）によって、対象からその普遍性を求め、その対象が目的にかなう合目的性を備えているとする広告観である（**資料4-4**）。目的は具体的に示されなければならない。これが「価値」である。これまでは独善的な義務論による、現場から遊離した義務が支配的であったが、目的論的広告観の導入により、的確な義務論が新たに育成されることになる。すなわち、広告というビジネスの本質的な理念・目的を達成するための義務ならば、関心をもって積極的に広告倫理にとり組み、創造的な価値を生み出すことになる。同時にいくつかの広告倫理課題に対して、研究と実績が一体となって機能する広告倫理体系ができ上がる。

現在の応用倫理は、普遍的な哲学的倫理学の応用手法が問題になっているわけではなく、価値判断、真実性を各分野の現場主義に求めている。まして、経営倫理や広告倫理の経済活動としての実践倫理において、価値を組織として共有し、変革・発展へとダイナミックに展開するためには、対象とする価値とは何か、その条件とは何かを明確にする必要がある。

広告倫理が、これまで明確に定義づけられなかった最大の原因は、この目的論的原理が視野に入っていなかっ

〔資料４－４〕　規範倫理と広告の倫理的背景

理論	倫理学説	広告倫理へのヒント	参考
目的論的理論	功利主義的原理	広告の自由と公共性の一致、帰結（結果）主義、「効用」	J.S. ミル「自由論」「功利主義」
義務論的理論	義務論	広告の正義・義務・責任、社会契約論の復活	カントの義務論的倫理学 J. ロールズ「正義論」

たことにある。目的論的原理のない義務論的原理は、アリストテレスの哲学では存在しない。広告は明確な目的・目標理念をもって実施されているはずであるが、単なる義務論（義務というより義理というのが適切かも知れない）は宙に浮いた雲のようなものである。アリストテレスは「正義は目的にかかわりをもつ」という。経営や広告の正義を考えるとき、問題となる目的因（エロス・目的、長期目標、本質）を知らなければならない。しかし、それだけではない。目的をもった正義の議論は美徳・道徳的真価についての議論を必然的に生み出すため、目的論的原理と義務論的原理は別々の独立した存在ではあり得ないことになる。すなわち応用倫理、特に広告倫理においては適正な価値を生み出す重要な条件となる。

資料４－５に示すように広告倫理は明確な目的を価値として行動の中に取り入れることにより、高質の広告市場、広告の的確なマネジメント、広告倫理の体系化が始動することになる。これは意図的な広告行動であり、結果をフィードバックでき、経営倫理との整合性が保持できるからである。

また、現実・現場主義が価値倫理の体系化に重要な位置を占めるのは、広告倫理が実践行動論であり、価値判断、合意形成、習慣形成が伴う「現場性」を有していて、価値の創造と価値の相対化は現場における批判、反省を要するからである。

この「現実主義」については、すでにアリストテレスの倫理にみることができる。彼は物事を考察するに際し、理想よりも現実を重視した。プラトンが現実から離れたところに事物の本質を求める立場、すなわち理想と現実の二元論を執ったのとは対照的である。アリストテレスは個々の物事の考察に基づいた現実主義

〔資料4－5〕　価値創造の原理図

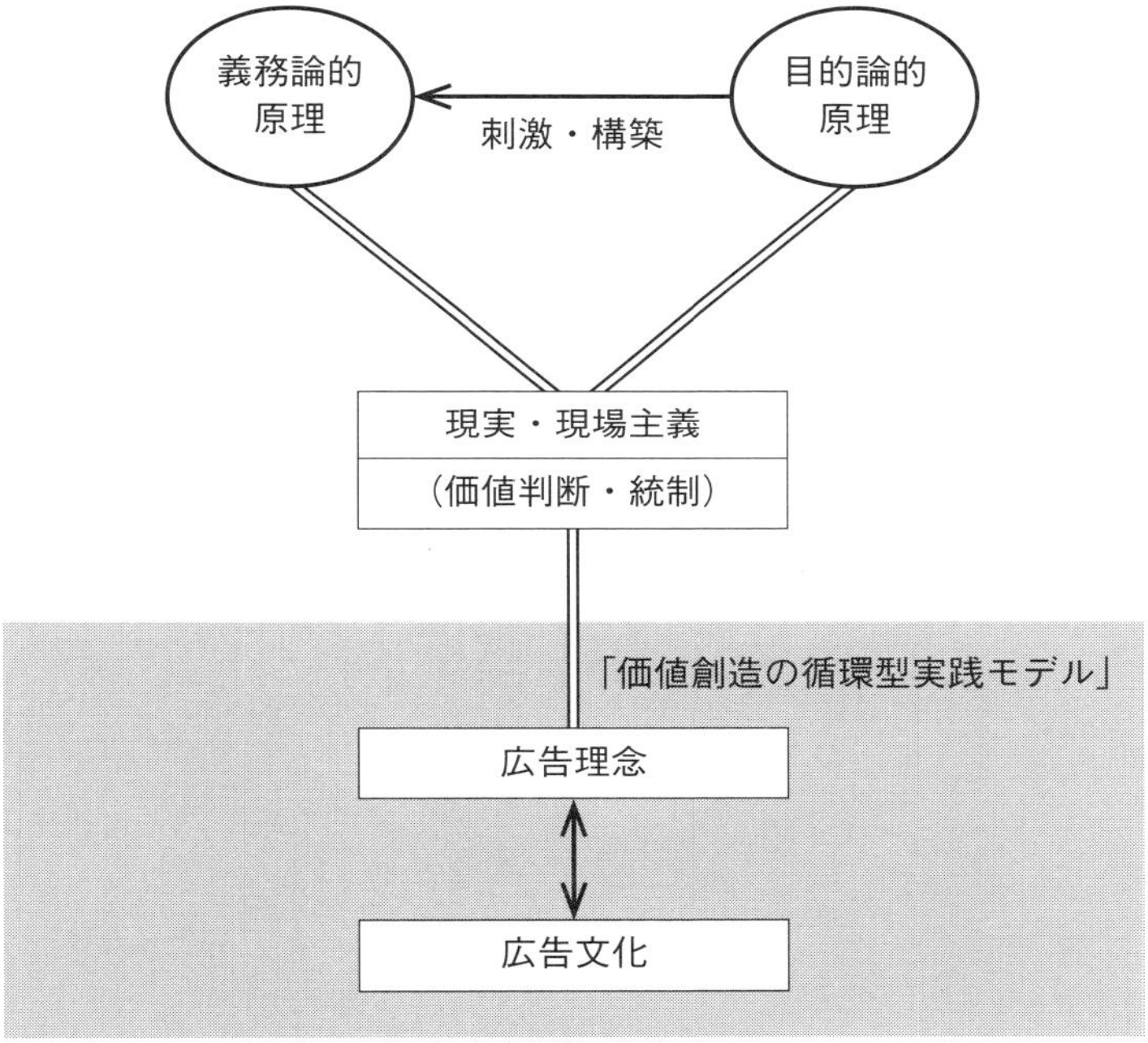

①目的論的原理が義務論的原理を生み出す。
②現実・現場主義はしっかりした広告理念の上に立つ。
③思想的基盤は「プラグマティズム」「倫理コミニュケーション」。

を説いている。

この現実・現場主義を担保するのは、広告の単なる「経験」ではない。理念の上にしっかりと立つ「広告文化の構築」であり、具体的な実践は「価値創造の循環型実践モデル」（後述）で実現される。

こうした目的論的体系ができあがれば、広告に課せられた義務、たとえば期待責任、説明責任に応える義務の対応などは、その目的に沿って自然にでき上がり、倫理の意識も芽生えることになる。目的論の中核をなすものは、広告における前述の「善の価値」であり、二一世紀の広告の本質が問われる課題である。

三、プラグマティズム

実用性の原理

倫理学が葛藤の科学といわれるように意見の対立、価値の調整にダイナミックに応えねばならない宿命を有している。グローバル時代における信念上の対立や、超倫理学とされる未来倫理学（世代間倫理）もこの対象であろう。大賀（二〇一五年）は「プラグマティズムが異なる信念上の対立を超克し、連帯と共生を可能にする科学で力強いコミュニケーションを形成する指針であり、思想だ」と強調する。すなわち修正を是認し、絶対的な真理が存在しないという前提に立った問題解決論である。

このプラグマティズムは十九世紀後半、すなわち一〇〇年前、ヨーロッパの伝統的哲学とは異なったアメリカで誕生した独特の哲学である。これは民主主義の習慣の中で育ち、立ちあがった、いわゆるアメリカ哲学である。カントやヘーゲルの哲学を基本概念として、経験科学者ジョン・ロックなどの思想を発展させたもので、この探究方法は学問的には阻害を受けた時期もあったようだが、多元主義・現実主義、実用性の原理で実践的な倫理の探究方法とされる。

プラグマ（pragma）とはギリシャ語を語源とし、「行為、行動」を意味している。プラグマティズムの創始、提唱者である論理学者、心理学者であり、カントにも精通していたチャールズ・サンダース・パース（アメリカ、一八三九～一九一四年）は、「すべての観念の源泉は行動にある」としている。

彼の原理は「プラグマティズムの格率」である。実在の存在に信念を持ち、明確な概念を抱くことが、その概念がいかなる「帰結」を迎えるのか観察することを可能とする「科学の方法論」を明示した。すなわち、ある概念が対象に与える効果を考えれば、その概念が「行動の結果」によって明確にできるとする思想である。実在についての真理とは帰納的な方法によって把握する経験的科学者である。このような意味からプラグマティズムは真理と実在の概念で構成される実用性の原理で、倫理の目標を明らかにした実践的な倫理の探究方法とされてきた。

パースの提唱したプラグマティズムをさらに発展させたのがジェームズ（James アメリカ、一八四二～一九一〇年）で、思想や知識が行動を生み、生活の中で役立つ結果をもたらす「真理の有用性」を提唱した。すなわち、有用であるかどうかで決定づけられるとする「真理であるから有用、有用であるから真理」（著『プラグマティズム』）をプラグマティズムの代表的なフレーズとして、残している。彼は有用な結果を求めていたことが明示されており、有用な結果が真理となる、事実において真理化されると考える。

問題解決力と学習理論

このパースやジェームズの思想の練りあげと普及に尽力したのが、教育者としても有名なJ・デューイ（一八五九～一九五二年）である。デューイの学習理論は「問題解決力」であり、「問題解決によって人間の思考が活動をはじめる」と言う。一九三八年の著『論理学―探究の理論』で、真理の探究は現実問題に直面し、疑問が生じた時にはじまる。問題解決の方法も現実を通して、より的確なものとなる。仮説からはじまり、実験、観察によって結果がその仮説の修正を促し、検証が証明をもたらす問題解決法だと説く。真理性とは問題をいかに解決されたかという結果によって検証されなければならず、結果の有用性に意義があると言う。このようにヘーゲル哲学の影響を受けたデューイにとって、知識とは問題解決のためのツール、道具であり、「道徳、倫理の目的は規範ではなく、成長、改良、進歩のプロセスである」と現実性、経験性の必要を強調するのが特徴である。

デューイの共同体的人間観には、文化を生みやすい素地が備わっており、創造的過程に深い関連をもつ広告倫理に不可欠な想像力、責任力、教育力を養う現実性のある力をもっている。

パース、ジェームズやデューイのプラグマティズムの倫理は古典的プラグマティズムともいわれるが、これを

〔資料４－６〕　プラグマティズムと功利主義

	共通点（判断基準）		相違点（目標）
プラグマティズム	帰結主義	有用 usefulness	成長それ自体が目標で目的なき進化 （暫定的真理）
功利主義		効用 utility	社会全体の幸福を最大化すること

継承し、ハーバーマスと並んで応用倫理のメインテーマである倫理コミュニケーションを提示したのがリチャード・ローティ（一九三一～二〇〇七年）である。ローティはデューイを敬服しつづけた哲学者で、分析哲学から転じ、自らを「デューイアン」と称し、自分こそ古典的プラグマティズムの後継者だと信じていたと伝えられる。彼はこれまでの倫理学の体系に関する歴史をふり返り、「終わりなき会話」によってのみ、ゴールのない究極の探究に応えることができるという。ハーバーマスと対比されるローティの倫理コミュニケーションは現実の社会をみつめ直し、自由を生かし、価値を生みだす学者として評される存在である（第五章）。大賀（二〇一五年）はこのプラグマティズムを「希望の思想」だと説いている。

因みに、プラグマティズムと功利主義（第一章）は多くの共通点をもっている。その共通点は帰結主義、すなわち、その行為がどのような結果を招くかという点にあり、相違点はその目標、目的にある（**資料４－６**）。

思想的基盤

このように、応用倫理における基盤となる思想性がこのプラグマティズムに脈々と流れている。広告のもつ特性から導いた倫理コミュニケーションと共に重要な広告倫理の思想的基盤として、五つのポイントがある。

第一は、「連帯・共生」にある。

関係性といってもよいであろう。哲学と経験科学、理論と実践はその代表格とされる。広告倫理にもとめられる点は自由を生かし切ると同時に共生、統合によって体系化がすすむことにある。

第二は、「教育・発展」にある。

プラグマティズムは価値合理的行為としての特性を有する教育論で、「構築主義」である。これには未来があり、発展の原理性をもっている。

第三は、「問題解決力」にある。

プラグマティズムの学習理論は問題解決力にある。その行為は目的論的行為からスタートするがその連鎖によって民主主義を生み出したように、価値論的行為をも満足させる。これは文化構築の倫理で価値の内在化と発展を教示する。

第四は、「コミュニケーション」にある。

応用倫理の中でも広告倫理は、このコミュニケーションについては格別の存在である。ハーバーマスの「討議倫理のコミュニケーション」と共にネオ・プラグマティズムによるローティの「終わりなき会話」は広告ビジネスにおける共同体として習慣形成行動の基本である。

第五は、「経営倫理の哲学」にある。

理念の共有、有用性、試行錯誤性、問題解決力について、他の応用倫理の動向に注目する。たとえば広告倫理と常に整合性がもとめられる経営倫理において、思想的基盤にプラグマティズムを提示する論文や研究が多くみられるようになったことである。この経営倫理も倫理の設計中であるが、経営学者に関心の高い思想であることは、経営学が生成されたのとプラグマティズムの思想が認知された時期と重なっている点にも注目が集まる。

広告倫理の基盤となる思想はたとえて言えば、合意形成の倫理コミュニケーション（第五章）を「身体の血液」とするならば、この価値創造のベースとなる「プラグマティズム」は「心臓」にあたる重要な位置を占めることになる。すなわち、プラグマティズムの有する構築主義、現実主義、帰結主義は、理論と実践の統合促進機能をもち、当事者意識、責任意識を育む文化があるからである。

四、価値創造と広告理念

(1) 広告理念

理念とは

理念は企業が公表した信念で、一方的な上位命令ではない。関係者、社会から共感の得られるものであって、その組織における精神的バックボーンは、組織、団体を構成する要員の行動を律するものであり、意思決定の基準である。しっかりとした理念の上に立つことが広告倫理の現実・現場主義を支え、組織の文化を形成する基盤となることであって、目先の効果を追いもとめることとは異なる。

プラグマティズムのパースは、哲学を探究する第一の目的は「組織や集団における信念を形成することにある」と言い、ローティやハーバーマスも、信念とは「行動を成功させる法則である」と説く。日常、見慣れた倫理綱領は、この組織目標であり、理念を明確にした上で、具体的に掘りさげたものが「行動規範」として制定される。

この、組織における理念には、レベル基準を設けなければ実現されるべき理念を浮上させることはできない。右記のように組織性と道徳性を核にしたもので社是、社訓などとして提示されてきた「指導理念」には、レベル差のあるものが存在する。

企業理念――企業の本質、企業の存在意義、企業目的・企業使命
事業理念――事業の目的、思想、行動
経営理念（狭義）――経営のあり方の価値基準

行動理念――右の理念についての実践的行動規範などが現存するが、それぞれに連動性、整合性を持ち合わせていなくてはならない。

広告理念とは、広告の発展と社会形成のために、応用倫理の実践によって創造された価値を「理念」に置きかえたもので、明確に役立ち、公表された広告活動の信念である。この理念は理論だけで導いたものは現実離れを起こし、広告文化として定着しない。課題、実例の分析と倫理の先行性、すなわち、倫理と経験科学から導き出される理念が広告の発展と社会化を導き出すものとなる。

では具体的に理念のベースを成すものとは何なのであろうか。答えは「善の価値」（前述）にある。すなわち、広告の責任に対応したもので、三つの原則（正義性、公共性、持続可能性）を備え、経済的価値、弁証法的価値（発展的価値）、大局的価値（インフラ的価値）、文化的価値（倫理文化的価値）の四面から構成される。

これらの多面性を有する善の価値の中から自社独自の「広告の実現されるべき倫理」が抽出され、組織文化として明確化されるものである。これにより広告マネジメントの方向づけも目標管理も成立する。

ここでいう文化とは、文化・風土ともいわれ、団体、組織に固有の雰囲気、観念、意識、あるいは社風で、その組織の制度、歴史を醸し出す側面をいう。また、組織を構成する要員に共有された価値行動体系を「文化」と言い、組織の「風土」とは構成する要員のもつ組織独特の観念や気風である。一般的に「意識改革」とは、この文化、風土の革新である。

理念の構築

応用倫理の重要な作業の一つは、広告における組織にとっての価値を創出し、これを「実現されるべき理念」に切り換えるものである。

では、この「実現されるべき理念」とは具体的にどのようなものかを考えてみよう。キーワードは「倫理を認識したもの、させるもの」「倫理の習慣性」「誇りをもって共有できるもの」ということになる。

本書でも触れたインフォームド・コンセント（「説明と同意」）は生命倫理、医療倫理という応用倫理における課題解決のための理念であり、医学の現実的で重要な課題と医学界における実現されるべき理念（共通の目的）との間のギャップを解決するための社会システムとして構築されたものである。

なお、経営理念や広告理念として「コンプライアンス」が挙げられるケースも多いが、一般に現在理解されているコンプライアンスの概念は理念になり難い。コンプライアンスは理念を考える手がかりであり、これは営業活動として当然の実施業務を負っている性格を有している。

この具体的な理念の事例として、朝日新聞社が二〇一五年一月六日に公表した「再生の理念」がある。これは、前年の慰安婦問題に関する取り消しなどのメディアとしてあるべき姿に応えた「信頼回復と再生のための行動計画」の理念である。

朝日新聞社は、メディアとしての課題を洗い出し、組織としての価値とは何かを明確にしたのち、社の共有認識を得るために理念を「具体的な取り組み」としてトランスレーションしている。これを社の文化として定着することにより発展と持続可能性を保証することになる。このように具体的で広告倫理との広い接点をもつメディア倫理からも学びとる点が多い。

では、こうした生きた理念は、どう構築すればよいのか、そのステップを考えてみよう。

第一ステップ　現実と理想のギャップ

目の前にある課題と広告で現実されるべき理念とのギャップを明確にする。現実されるべき理念とは善の価値を背景としている。

第二ステップ　課題の分析

第一ステップのギャップから何が課題か、課題の抽出と分析を行う。

第三ステップ　価値とは何かの討議

組織にとって必要な「価値」の創出をはかる。このとき、「善の価値」がチェックポイントになる。

普遍性をもった価値は、普遍的な価値に基づいて価値判断が下されることになる。

第四ステップ　価値を理念に置き換える

「理念がわかりにくい」のはこのステップ作業の不全にあって、理念の共有認識をはかるため、価値の翻訳によって文化構築につなげる。これまでのステップには「合意」を得るコミュニケーションが不可欠である。

第五ステップ　文化としての定着

安定した、持続性と発展をもたらす文化として定着させ、さらなる価値を創出する基盤づくりの作業である。これらの過程を次項において広告の「循環型実践モデル」として考えてみよう。

(2) 価値創造の循環型実践モデル

広告倫理は広告の現実に目を向け、別名「問題解決の倫理」ともいわれる。これは他の応用倫理と同様であり、広告の特性を活かした体系づくりがもとめられることになる。特に「価値の相対化力」を持続的に実践行動の中にどうとり込むかにポイントがある。本項はその正体が見えづらいとされる広告倫理の実践行動のモデル化を試みたもので、多くの事例からヒントを得たものである。そのきっかけは二〇一三年の「一流ホテルにおける食材不当表示事件」である。ここには問題意識、価値、理念、文化が見え隠れし、モデルの構築に重要なヒントを与えてくれるものである。

ここには五つの大きなポイントが存在することになる。

① 問題意識をどう高めるのか（課題の認識）
② この課題をどう展開するのか（課題と理念のギャップ）
③ 法規やルールをどう位置づけるのか（法規による支援）
④ 理念の共有認識をどう高めるのか（価値の翻訳）

〔資料４－７〕　価値創造の循環型実践モデル

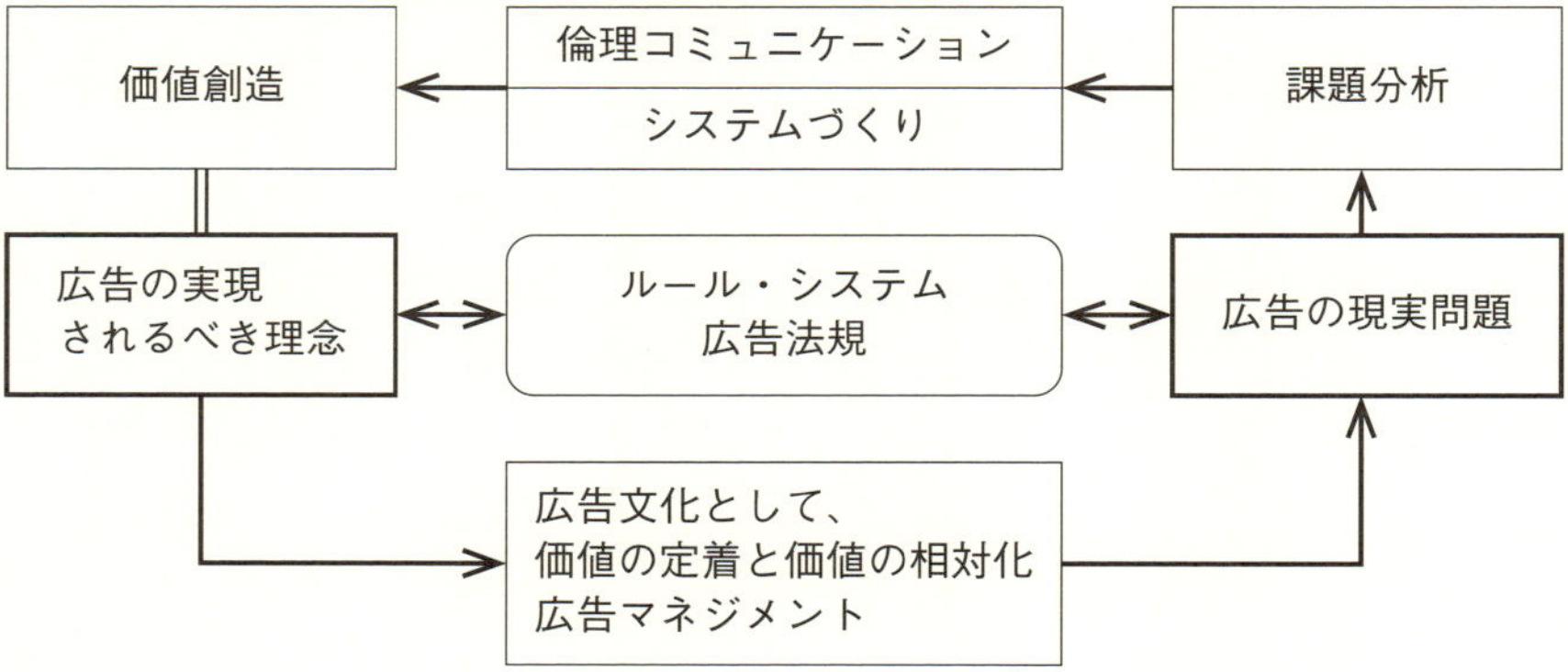

⑤　広告文化への定着をどうすすめるかと同時に「価値の相対化」、すなわち変化する価値に対応する実践力をどう確保するか（発展と循環）

資料４－７はさらなる価値創造のために、価値の相対化を日常活動の中にとり入れ、これを効率よく運用するための「循環型実践モデル」である。

〔第一の原則〕課題意識は葛藤、コンフリクトの中に身を置くこと。

広告倫理の最大の課題は「モラルの近視眼」（第一章）、すなわち課題意識の希薄さにある。これが広告倫理に関する発言に壁をつくっている。

この課題意識をどう高めるか。これを明確にすることからスタートするのが実践倫理の重要なポイントである。

この課題と意識を芽ばえさせる要因には外的要因と内的要因がある。

外的要因は不正や不当表示事件が表面化し、社会問題として報道された事件などはその代表的なもので、表面化しないものもある。

不正、不当表示事件は課題が外的、他律的に明確にされ、その対応の手が打たれることになるが、ここで信頼を回復し、新しい価値ある広告文化を構築された企業も数多い。しかし広告文化構築に至らず、発展性がみられないケースもあって悲惨な状態に陥ることになる。具体的には事件の再発で、立ちあがることが難しい。これは後述の文化構築に不可欠な共有認識が育っていなかったからである。

外的要因のもう一つの側面は、広告の倫理環境の変化にみられる。関連技術、社会システム、ビジネス形態のみならず、広告の倫理構造と相互支援分野（**資料2-4**）ということになる。この変化によって、法制、ルールに目を向けなければならない状態に立ち入ることになるのは、これらが広告理念をサポートし、理念構築の手がかりになる位置にあるからである。

内的要因として、安定した広告文化が構築できている企業では**資料4-7**に示した循環が機能していて、課題と広告の実現すべき理念の調整に目が常に向けられているケースである。これは自主的、自律的に課題意識をもちつづける能力を有していて、他社の事例にも関心を寄せ、常に危機感と批判力を持ちつづける状態にある。

これら外的要因、内的要因に共通する点は、課題を認識するためには「常に自分の身を葛藤、コンフリクトの中に置くことである。これにより危機からの発展性や「恐怖」を指標とした発見術を教示したハンス・ヨナスの思想が生きる。

因みに、「葛藤」はフラストレーションと区別なく使用されることもあるが、フラストレーションは原則として一つの欲求が阻害を受ける状態にある。

社会心理学では、コンフリクト（conflict）は、他人との衝動、抗争として使用される。一般的には板ばさみ、ジレンマとも言われ、二つの欲求や動機が互いに矛盾し、一方を満足させれば、他方は満足させられない状態に置かれることをいう。

〔第二の原則〕広告の現実と実現されるべき理念との調整をはかること。

広告の現実と広告の実現されるべき理念の間には大きな隔たりのあることが明確に自覚させられるのは身を危機にさらされた時である。この身とは自分自身であり、自分が属する組織体のことである。広告の理念については前述のとおり、この理念は広告の価値に裏づけされる。広告の理念づくりは逆説的であるが価値を生み出す条件づくりとしての重要な活動なのである。

ここでいう価値とは本章で示した「善の価値」であり理念に焦点をあてた価値ということになる。すなわち、普遍性を持つ価値は普遍的理念としての価値に基づき価値判断が下されるものである。このため課題を分析し、価値創造に不可欠なのが合意形成、倫理コミュニケーション、討議にある（第五章）。

このとき理念を実現する過程で発生する矛盾や葛藤には現実の課題への適応性にポイントを置いた対応が必要になる。原則は基本理念の修正ではない。この対応力は広告倫理面への「発言」、すなわち現状への批判と実践にもとめられる。組織倫理としての対応であるため、その企業の組織としての広告文化が方向決定に大きな力をもつことになる。

〔第三の原則〕法規は理論と実践の仲介と位置づけること。

広告の現実と広告の実現されるべき理念の中間に広告法規などのルール、社会支援システムを位置づけることにより、問題解決の糸口、理念を考えるヒントが得られる。すなわち、広告法規が有する倫理における行動の意味は、理論と実践に関する相互媒体的構造をなしていることを示している。

この調整作業の方向は、道徳的、宗教的な義務ではない。明確な目的論的行動が適格な義務を生みだすことは応用倫理の原則であり、広告倫理は倫理を実践するためのツール、知力である。倫理は法規の補完ではなく、倫理はこの法規を活用し、監視する活動である。法を監視する立場に立てば法を知らなかったとか不正事件などが発生することもない。倫理が法規を先導しなければ広告における善の価値を生み出さない。また、この実現されるべき広告理念は明確にできない。広告倫理を支援する社会システムは法のほか、多岐にわたるが、特に法規に対する批判力、広告理念に基づく法の修正提案力が広く広告界に求められることである。

因みに理念型論を社会科学の方法論として説いたのは、社会学者M・ウェーバー（ドイツ、一八六四～一九二〇年）である。

〔第四の原則〕価値を理念に翻訳すること。

「広告の理念がわかりづらい」とされる。これは「価値」についての議論がなされていないときで、もう一つは価値の理念への置き換え作業がうまくなされていないことから起こる。価値がそのまま理念に移行できるのは少ない。これは移動、置き換えと言うより具体的な取り組みによる「翻訳、トランスレーション」と言った方が適切であろう。

この作業を劣ることで「理念」がわかりづらい。理念が空論にすぎなくなってしまい、広告文化構築（第六章）への伝達を困難にしてしまう。

この作業は組織倫理に不可欠な「理念の共有認識」を得る重要な作業となる。

〔第五の原則〕価値を文化として定着させ、さらなる価値を増殖させること。

第五の作業は価値の定着と文化の循環作業であり、価値の相対化活動である。

まず、価値の定着とは、いわゆる広告倫理の底上げ活動である。広告文化は広告価値の反映であり、変化に対応でき、戦略性をもっている。これはウェーバーのいう価値合理的行為である。このため、広告倫理の実践で得た広告価値を定着させ、これを磨きあげるのが広告マネジメントの最重要テーマとなる。この「広告文化の構築」とは、心理学用語の「涵養」にあたる。すなわち、実践的倫理活動を通じて、広告の送り手、受け手の双方に倫理を育成することで、持続的に実を結ぶ効果を発揮するための底力となる。

こうした広告文化が定着し、実践モデルが循環をはじめれば、広告の現実と課題が一層明確になり、倫理が倫理を生む構図ができあがる。これにより広告の価値の増殖作用が活発になる。

第四章の「価値創造の倫理」に関する「命題リスト」

- ●「価値は根源的である」
- ●「価値は理念づくりの基盤である」
- ●「広告倫理は価値の創造と価値の相対化に関する理法である」
- ●「自由は価値を生み出す原動力である」
- ●「正は善の前提条件である」
- ●「善の価値を支える原則は正義性（共感）、公共性（合意性）、持続可能性（広告文化）である」
- ●「効果のない広告は反倫理行為である」
- ●「広告倫理は循環型構造による問題解決と発展の実践倫理である」
- ●「広告倫理とは価値を広告理念に置き換え、これを追い求める実践作業である」
- ●「現実・現場主義は、しっかりした広告理念によって担保される」

これらの命題を批判し、議論のテーマとしてお使いください。

第五章　合意形成の倫理

▼「合意は真理である」
▼「倫理コミュニケーションは社会化の絶対条件である」

一、合意は真理

(1) 倫理コミュニケーション

合意の形成

広告倫理に関する合意には、多数の形態や対象が存在するが、いずれの場合であろうとも共通している点は、他人の自由意思を十分に尊重しなくてはならないということであり、この合意の目的は相手の自由意思が自分の

〔資料5－1〕　ローティとハーバーマス

R.M. ローティ （アメリカ、1931〜2007年）	J. ハーバーマス （ドイツ、1929〜）
「会話」の継続、自文化主義から連帯へ ネオ・プラグマティズム	「対話」、理想的発話条件下の倫理的討議 真理の社会的合意説／目的論的展開
相互理解のコミュニケーション 強制によらない合意の観念	コミュニケーションの歪み、修正 討議倫理のコミュニケーション
解釈論的展開、習慣形成型	同意（討議倫理の原理）と非強制 （普遍化原理）、問題解決型
価値合理的行為	目的合理的行為
著『哲学の脱構築、プラグマティズムの帰結』（1982年）	著『討議倫理学』（1991年）

意思と合致することにあり、言語の一致を見いだす営みである。この時、相手の納得が得られることが条件であるため、合意形成を正しく導くことが重要なポイントになる。そこで、「真理」の基盤を何にもとめるかが課題となる。

この真理とは普遍性のある判断や知識を言い、社会を納得させ得る合理性、倫理性を備えていて、事実に基づく実証性をもっている。第一章で述べたように、倫理コミュニケーションによって、これまでの伝統的な理性に基づく真理を見直そうという動きは、倫理学の歴史の中から生まれてきた。

これが倫理コミュニケーションによって、価値創造やグローバル化に応える合意形成を目指す実践力のある提示である。

広告倫理におけるこの倫理コミュニケーションに関し、大きな影響力を与える理論にローティの「会話の継続」論とハーバーマスの「討議倫理」論があって、比較対照の的になる。

現代の応用倫理は、彼らによる方法的基盤にコミュニケーションを置く哲学の潮流が顕著で、真理を探るコミュニケーションのあり方を問い質す点では違和感を持ち得ない。**資料5-1**はこの二人の相違点を端的なキーワードで比較したものである。ローティはハーバーマス論に超越論的だと批判し、ハーバーマスはローティの理論に賛意を示すと言われるが、それぞれの特性をもっていて実践行動論の広告倫理には有用な理論展開といえよう。

ローティは寛容とリベラルを核にした「会話の継続」であり、広告倫理の喫緊の課題に応えようとする。プラグマティズムの提唱者パースのことば、「哲学とは信頼の形成である」、「信念とは行動を成功させる法則である」、「認識とは現実に対応するための行動習慣を獲得していくことだ」を受けついだ「デューイアン」の思想がにじみ出ていて、コミュニケーションによって対立する文化も信念も変化させる相互理解を地道に追いもとめる努力がみえる。

ハーバーマスは理想的な発話条件下の倫理的討議を提示し、コミュニケーションの歪みや修正にポイントを置き、いずれも「問題解決」という共通点をもち合わせている。

ハーバーマスが注目されるのは、この合意に至ることを目標とする活動としての「コミュニケーション行為論」「討議倫理学」にある。この討議とは「コミュニケーションに関するコミュニケーション」で、合意を行為とする大きな流れの中で、思慮、熟考、反省を促すコミュニケーションを言う。そのルールには三つのポイントがある。一つは「論理的な首尾一貫性の原理」、第二は討議の手続きを規定する「誠実性の原理」、第三は「非強制的な力を保証する原理」である。

ハーバーマスの倫理的討議に関する理論のきわだった特徴は、「目的論的」である。

これは目的の選択と目標の合理的な評価にあることからみても明らかである。理論的だがわかり難い理論とされるが、工夫を凝らした「ケース・メソッド法」（第六章）として高等教育用の教授法もすでに紹介されている。

この二人の会話論と対話論の対比、どちらの理論が効果的かを論じることは意味をもたない。なぜなら「習慣形成と問題解決力」こそ会話と対話の相互作用、融合により行為の合理性が満たされ、広告文化を育む有力な実践力になり得るからである。

習慣形成は「価値創造の循環型実践モデル」（第四章）をフルに活用しなければ価値創造を満足させないため倫理の開発力が逆に問われる問題である。

ハーバーマスは対等に討議できる人間を想定している。これはローティの言う会話の継続によって相互理解を得ていることが前提条件になったり、広告リテラシー教育による補完作用によって新しい倫理コミュニケーションの世界をひらくことになる。

フランクフルト学派の第二世代にあたるとされるハーバーマスの理論は、言語に媒介されたコミュニケーション（対話）の徹底分析により、普遍的な討議形式の側面とコミュニケーション的理性を探りあてたものである。

このハーバーマス理論に対し、フランクフルト学派第三世代にあたる多くの思想家が当然のことながら出現している。その一人はアクセル・ホネット（一九四九年〜）である。ホネットは普遍的語用論から導入されたハーバーマスの討議倫理が、社会的コンフリクトの源泉を捉えているとは言えないと評している。

また、ノルベルト・ボルツ（一九五三年〜）は、ハーバーマスのコミュニケーション行為が、言語以外のメディアやITに対する分析不足を指摘し、メディアを中心とした現代社会におけるコミュニケーションの課題を投げかける一人である。すなわち、これがドイツにおける「メディア論的転回」である。

このボルツらのメディア論は、コミュニケーション論を前提とする相互主観的コミュニケーションに先行して、メディアやテクノロジーを直視するものであり、メディア倫理の思想基盤となり、広告倫理に大きな影響をもたらす重要な現代思想である。

しかし、一方では、これらのハーバーマス批判論は「ハーバーマスの討議倫理や公共圏論の手の上にある」（仲正ほか、二〇〇七年）とする見方をとる。批判によって新しい学問体系ができあがるのは、倫理学史そのものである。ハーバーマスにはロールズと多くの共通点がみられる。それは社会の安定と調整機能で多元的で正が善を優先し、機能的、現実的である点があげられる。今後、未来倫理学におけるメインテーマであるこの倫理コミュニケーションの思想、学術分野は、第三期の倫理転回「解釈論的転回」によって新しい科学として再構築されることになるのである。

コミュニケーション機能

「グローバル時代のコミュニケーション倫理を考察するにあたって、ローティ、ハーバーマスのコミュニケーション論は等閑に付することはできない」（笠松＝和田、二〇〇八年）とされる。では、この倫理コミュニケーションがもたらす広告倫理上の意味はどこにあるのか整理してみよう。

①　倫理コミュニケーションは道徳を倫理の世界に導き入れる。

広告倫理は応用倫理であるため、徳目掲げに終わってはならない。道徳性、倫理性には「共感」が不可欠で、個人が尊重され、同時に社会や組織の双方に貢献できるメリットを生み出さねばならないからである。これが道徳の社会化現象で「つながり」の効果、倫理機能のベースができあがる。

②　倫理コミュニケーションは、合意形成機能を果たす。

「発言が実行を招く」（ハーバーマスの語用論）ことこそ広告倫理における実践のスタートラインとなる。

合意形成は広告倫理における「実践行動論」の中核をなす活動で、広告課題は、この合意形成がなければ問題解決にも至らず、先送りと事後処理に終始する。また「広告の真理」も見いだせないであろう。

③　倫理コミュニケーションは、倫理をベースにした「広告文化」の構築機能、すなわち、関係資本とされる「信頼」の醸成と育成強化の機能をもち、教育的で広告倫理に対する認識、信念を起動させる力をもつ。これには広告に最も重要な自由を生かし切る力がある。

この広告文化こそ、さらに力強い広告理念を生み出す。日常の広告活動を通じて、広告文化を構築しなければ、不当表示の根本的な排除すら難しいことになる。

④　倫理コミュニケーションは、グローバル対応の基本行動である。

ますます高まる異文化との交流・接触の原型的な問題が潜んでいる。

広告表現における異文化との感情問題、広告取引における商慣習上の違和感が政治問題になり、広告効果への期待を根底から裏切る環境にある。

⑤　哲学的倫理学と現在および未来社会の仲介機能を果たす。

広告倫理は、倫理学の学説から乖離された領域である未来倫理を他の応用倫理と協力しながら構築をすすめる責務を担っている。なぜならこの難題を乗り切るのはこの倫理コミュニケーションによる「合意による真理」を不可欠とするからである。

⑥　最も大切なポイントは倫理コミュニケーションに依拠するためには、このための実践モデル、方法論、教授法が有効に機能していることである。これに対し、本書では「命題論」（第一章）、「価値創造の循環型実践モデル」（第四章）、合意の場「第三者機関」（第五章）などの提案を示したほか、「ケース・メソッド法」（第六章）を紹介している。

倫理コミュニケーション論の実践上におけるポイントは右記のとおりであるが、ポスト・ハーバーマス論としてメディアの変化によってハーバーマス理論に対する批判も少なくないことは前述のとおりである。これは倫理が現実の課題を直視する潮流の中にあって、倫理コミュニケーションの戦略的行為が強くもとめられているからに他ならない。

⑵　倫理と道徳

倫理と道徳は倫理コミュニケーションの機能を考察するに際し、その重要性を確認させられる重要な事項である。

この倫理と道徳の違いについては、ヨーロッパにおいても長い間、これを区分しないで用いられてきた経緯がある。この区分を明確にしたのがヘーゲル（一七七〇～一八三一年）による社会的考察『法哲学要綱』が著されてからとされる。したがって、それ以前は倫理と道徳は同義と解され、歴史に残る大思想家にも理解を得られることはなかったことになる。

〔資料５－２〕　倫理と道徳と違い

	倫理	道徳
基本問題	なにが「善い」ことか	なにが「正しい」ことか
理論	目的論、価値論	義務論、徳倫理、理性
行動原理	真理、義務・責任	徳、罪
実行内容	実践、倫理コミュニケーション	人格の完成
対象	組織の社会化	個人の規範
特性	相対的条件付 自律性	絶対的無条件 他律性、命令形
定義	社会の客観的理法	その理法を身につける 主観的な態度

こうした倫理と道徳との違いが明確にされない状況は規範倫理の中にもみられる。例えば規範倫理の中の二大理論の一つにあたる目的論的理論でも「道徳に実質的な基準、外的な原理を与えることを企画した理論」（小松ほか、二〇〇六年）であり、もう一つの義務論的理論のいずれも二一世紀に入って応用倫理の展開により光を放つことになるが、倫理と道徳の交錯がみられる。

道徳、倫理の第一義的意味は社会的な風習、習慣、慣習であり、道徳の語源は「習慣づけられた品性」であるが**資料5-2**はこの倫理と道徳との違いを明確にしようとしたもので、「ハーバーマスの倫理的討議（倫理コミュニケーションの概念）でもこの相違点が明確にされる」とフィーンリースン（二〇〇七年）は言う。「コミュニケーションと討議」の倫理学者、ハーバーマス（一九二九〜）は「倫理には古代と近代の用法がある」と言い、倫理と道徳は対立関係ではなく、高度なコミュニケーションにより道徳を倫理へと導き入れることになって、倫理機能に一層の磨きがかかることになる。「倫理が社会や共同体における客観的な理法をあらわすのに対し、道徳はその理法を身につける主観的態度をあらわす」（濱井＝小寺、二〇〇九年）とあるように倫理の前提条件が道徳であり、道徳に倫理コミュニケーション的要素を加味したのが倫理ということになる。このような意味から二〇世紀にわれわれが広告倫理としていたものは、実は義務論的、徳倫理的な「広告道徳」であったことになる。

なお、倫理が道徳概念を包括し、かつ道徳が前提条件であるとするならば、教育界で用いられる「道徳教育」は社会化を核にした「倫理教育」が本来の用語ということになるはずであるが、倫理と道徳との差異についての議論が不可欠な条件となる。

目標を実現するための原理をもち合わせていない道徳を倫理へ進化させ、機能させるための必要条件は、批判、説明、討議、合議を内容とする倫理コミュニケーションである。

二、広告における合意形成

(1) 合意の対象

合意形成は、メタ・コミュニケーションだけではなく、広告法制に関する倫理、広告契約の倫理など、法を監視する態度と価値を生み出す提案こそ広告倫理実践の姿である。**資料5-3**は、広告における合意形成の対象を整理したものである。

いずれも合意によって広告における善の価値を生み出し、これを広告文化として蓄積されていく積極的な広告活動の一環である。

①エシックス対話

会話、対話を通じて形成される広告の社会化、倫理化機能をもっている。前述の倫理コミュニケーション理論を活用する倫理活動の最も重要なテーマである。これは自由と統一を達成するための理性的対話であり、倫理コ

〔資料5－3〕 広告における合意形成の対象

対象		内容	メモ	機能
倫理コミュニケーション（エシックス対話）	継続的会話（ネオ・プラグマティズム）	R.M. ローティ 「相互理解のコミュニケーション」	習慣形成論 広告リテラシー 「価値合理的行為」	道徳の倫理化機能
	討議・対話（討議倫理）	J. ハーバーマス 「コミュニケーションの歪み、修正」	目的論的志向の積極的コミュニケーション活動 問題解決力 「目的合理的行為」	
広告法制	慣習	広告界の慣習、文化構造	慣習法のベース	社会システムの倫理促進機能
	自主規制	組織内、団体、業界の行動指針	倫理綱領の活用（理念づくり）	
	公正競争規約	実質的表示マニュアル 自主性と指導性	業法（食品、薬品、不動産など）	
	広告法令	広告六法	立法と法改正の提案	
	判例	メディアの広告責任 著作権の所属など	裁判という合意	
広告契約	広告と消費者	契約当事者としての消費者、広告の契約と約款	当事者間対等の原則の概念 クリエイティブの想像性と創造性	責任所在明確化機能
	広告取引契約	相互依存関係における責任分担	当事者間対等の原則 権利と責任の明確化	

ミュニケーションによって「真理」を生み出す積極的活動である。

②広告法制

広告法規を倫理の支援機能として捉え、価値を創造するため、広告の制限とか規制という二〇世紀における概念から早急に脱しなければならない。広告法制の機能についてはその歴史から学ぶことも多いが、広告法制は倫理を前提としたもので、直接、広告を意識した法規は存在しない。

③広告契約

広告契約とは第二章で述べたとおり、広告取引契約のほか、主題である「広告と消費者」との関係を契約当事者、つまり当事者間対等の原則に立って、消費者を把握する概念が必須となる。この時にもとめられるクリエイティブ力とは創造力とともに、行為の結果を読みとる想像力を全開にしなければならないことになる。

(2) エシックス対話

まず、次の例題を考えてみよう。

〔例題〕モラルの沈黙

広告会社のA氏が取り扱う新聞広告は、競争会社を誹謗する可能性の高い内容になっていることが本日わかった。この新聞広告の内容はA氏らの提案が大きなヒントになっていて、広告主のB氏が自信をもって社内の承認をすでに得ている。広告原稿の入稿締め切りが迫っているが、あなたがA氏ならば、さてどうするか。

例題そのものは予見的責任問題で、まず、被害全体を早急に食い止めなければならない。もう一つは「モラルの沈黙」問題で、倫理の環境づくりができていないという根本的な問題である。

前者の予見的責任問題は、先送りにすれば問題が拡大するばかりである。新聞の読者だけではなく、競争会社、広告主、広告会社、広告制作会社、新聞社のすべてが被害を受ける。新聞社による掲載基準のチェックを待っているわけにはいかない。取引のチャンスを逃してしまい、広告会社の損害は多面的、かつ多大になる。また、競争会社から苦情の申し入れがなかったとしても、メリットは何一つない。このため、具体的には、代案の作成を急ぐことと広告主に事の重大さに対して理解を得ることである。それぞれの経営責任が重くのしかかるため、「代案」によって、どこまでリカバリー（回復）できるかにかかる。

後者の「モラルの沈黙」問題（国分、二〇〇八年）については、A・Bの両者間で日常、エシックス対話が完全に欠落していたからで、この新聞対応を通じて、チャンスに活かさねばならない。この例題の根底には、「A氏がB氏に、このリスクを伝えれば、お得意様のB氏を傷つけ、かつ、この新聞広告取引高の二億円は吹き飛んでしまうだけではなく、今後の継続取引は難しくなってしまう問題」が存在し、倫理のタブー性が潜んでいることはいうまでもない。この代案づくりと心の通じ合う対話による対応力こそが、A氏をイコールパートナーと認めさせ、「モラルの沈黙」を打破できるかどうかの決め手になる。

エシックス対話とは、倫理を根拠にした日常的な対話や議論をいう、前項の倫理コミュニケーションの日常版ともされる。これは別名「コミュニケーションのコミュニケーション」である。例題には日常のコミュニケーション上、何も問題もなさそうであるが、このコミュニケーションのコミュニケーションが決定的に欠如している事例である。A氏の属する広告会社とB社の広告主とは取引関係がすでに成立していて、一般の取引関係上は問題がなかったように見えたが、「モラルの沈黙」の上に危うく乗っかっていたにすぎないことになる。

この問題は、A社の広告会社とB社の広告主が組織として抱えている文化の違いに由来するが、この文化の溝を埋め、新しい価値を生むのが、テーマの倫理コミュニケーションである。すなわち、その思想的基盤は前述のように自文化主義から連帯、共生に導く、ネオ・プラグマティズムのローティであり、コミュニケーションの歪み、修正を強調する討議倫理のハーバーマスの理論が生きる。二一世紀の倫理に不可欠なコミュニケーション理論として二人を看過できないとされるのは「コミュニケーションのコミュニケーション」が合意による真理を明確にし、問題解決と価値創造力を有しており、応用倫理、中でも特に広告倫理において、ちょうど身体でいえば血液にあたる存在だからであろう。

ここには、「善きコミュニケーション」の制約条件としての「三つの妥当性」が、強制のない合意には不可欠となる。

その第一は「真実性」、すなわち事実が真実であること。第二は規範的正当性で、広告の規範に合致していること。第三は合意の内容に誠実性があるかどうかが問われる。

広告問題で最大の課題は広告界で共有し解決しなければならない性格のものが多く、このエシックス対話の技術開発と実行が、広告倫理の本来もつ機能を果たす。ＪＡＡ（日本アドバタイザーズ協会）が広告協力者を「イコールパートナー」と位置づけたのはその第一歩となる。

(3) 合意の場づくり

広告倫理の第三者機関「日本広告倫理機構」（仮称）

広告倫理の第三者機関の構築と運営は、人工的体系の応用倫理である広告倫理に応えるための倫理コミュニケーションの機会を与え、また実践する「場」の提供活動である。

その提案骨子を挙げれば次のようになる。

①主旨

・世界をリードする広告文化を構築するために必要な合意の場を提供すること

・倫理学者、広告研究者、広告実務者の三者による「思慮」の融合により広告倫理の概念づくりと、その定着

をはかること

②メンバーの構成

広告の責任を負うべき立場の人たち。広告倫理の共有機関（**資料2-2**）をはじめ、広告を学ぶ学生や、コーディネーターとしての倫理学者などで構成されるが、反倫理行動をとるメンバーは排除される。

③組織の独立性

・親睦機関ではなく、参加することのメリットを生むこと
・独立性を最大に尊重し、自由で一切の拘束を受けないこと
・倫理投資については、倫理認識の向上に基づく「納得の得られる」捻出であること

④機能と業務内容

・広告倫理の研究（体系化、開発、実践の全般）
・広告の倫理教育、広告リテラシー教育の指導
・高校、大学への倫理教材の提供
・他の応用倫理に関する機関などとの交流活動
・広告倫理に関する業務相談
・その他広告倫理に関する事項の全般

⑤参考

一九七一年〜一九七三年にかけて、広告界において不正・不当表示事件が連続的に発生することから「倫理学校」の構想がもちあがった。検討に参加したのは広告主（雪印乳業、キッコーマン醤油、ライオン、田辺製薬、トヨタ自販、日立家電など）に属する広告研究に関心を寄せる若手であった。広告学の先生もお入りいただいて倫理教育や倫理的な議論をする公共の場をつくろうとするものである。広告主、広告会社、広告制作会社、媒体社、印刷会社などの新入社員は、ここで実施される「倫理検定」に合格しなければ、就務できない教育システムが企

画検討されたが、倫理に関する認識にも偏りがあり、機が熟さず、総論賛成に終っている。内容については断片的であったが、倫理の芽がなかったわけではない。この時出てきた機関の各称案が「日本広告倫理機構」（仮称）で、因みに翌年の一九七四年、現在活躍のＪＡＲＯ（日本広告審査機構）が誕生している。

三、広告法制と倫理

(1) 広告法制

法の倫理誘発機能

法が有する倫理における行動の意味は、循環型実践モデル（第四章）でも考察したとおり、理論と実践に関する相互媒介的構造をなしていて、「戦略性」が活かされる。では妥当な法とはどのような条件を備えていなければならないであろうか。第一に実定法であること、第二に強制力があること、第三に正当性のあることがあげられよう。

この「正当性」とは倫理的であり、現実性、実用性に矛盾がないことで、これにより社会的秩序を創り出すものでなければならない。ここに法を監視する倫理の眼が求められることになるが、法には次の二大機能がある。一つは規制強化機能で、これについては、多くの説明は要しないであろう。二つ目は、法が倫理を促進する公的支援システムとしての重要な機能がある。この倫理を支えるシステム（支援システム）は多岐にわたる（**資料5-4**）が、中でも広告法制はその中核を占めることになる。

法は自由を制限する制度としてだけではなく、しかるべき手続きによって、社会の合意を得ており、法は合意

〔資料5－4〕 広告倫理の支援システム

区分	具体例
社会支援	格付け、標準化と認証システム、表彰システム、市民オンブズマン制度、マスコミ報道、大学の広告教育など
公的支援	（立法）広告六法 （行政）消費者庁、厚生労働省などの指導 （司法）判例など
業界支援	協定、規約（公正競争規約）、倫理綱領、研修、自主規制機関の指導など
企業内支援	広告マネジメント・システム、通報相談制度、監査制度、自社の倫理綱領、企業内研修、OJTの徹底など

形成の一形態である。社会の文化や業界の慣習も長い時間をかけて形成されてきた「合意」であり、その面では法と同様、社会における判断基準とされる。

倫理の主題は、合意による問題解決にあるため、こうした法を倫理促進のための公的サポート制度として捉えることになる。ここに倫理を考察するヒントが法にあり、法に無関心な倫理活動は成立しないし、倫理がこれに応えなければ、法は単なる規制強化に終わってしまう。法のもつ「正当性と倫理誘発機能」を求めて、倫理が法に関心を寄せるのは、ここにあるといえよう。

法と倫理のもう一つの関係は、「法令遵守」に関してのそれぞれの位置づけである。法は人間の行為を外部から強制するものであり、外的強制力を持った規制であるのに対し、一般にいわれてきた狭義の倫理は道徳性が強く、自発性を尊重し、人間行為の精神的コントロールを基盤にした規範である。したがって、倫理の機能を強化するためには法を「倫理の公的支援システム」と位置づけるのが現実的といえよう。特に、自由を基調とする広告にあっては、その特性から、できるだけこの公権力の介入を避けるのが原則で、法と倫理を切り離して考えること自体無理がある。倫理は法に対して監視義務があり、そこには「自己責任」がともなう。今、いわれる法令遵守は法の世界ではなく、その精神、姿勢、態度、行動は倫理活動そのものなのである。

このように、「法と倫理」とは同時に論じられなくてはそれぞれの機能を発揮しない。ここで、その理由を整理してみよう。

㋑ 倫理とは、合意形成の科学である。この合意形成の代表的な一つが「法」であり、これはしかるべき手続きにより成文化されたもので、慣習や文化などと同様に、社会秩序の維持や社会統合をはかる機能を有している。

㋺ 「法令遵守」ということばは多用される。その精神や行動は倫理の領域であることは前述のとおりである。倫理が法を改め、立法化を必要に応じて促進しなければならない。同時に、法には倫理を促進する公的支援機能が求められる。

㋩ 法には「倫理誘発機能」があることは、すでに述べたとおりで、法には正当性、すなわち倫理性がなければ円滑な運用がはかれない。

㋥ 法、倫理、道徳は人間が主体で、その「発生過程」を考えれば、常に相互作用を有している。これを有機的に結びつけるのは広告における倫理コミュニケーションである。

㋭ 倫理が法に先行しなければ、是認を得る理法には近づけない。倫理を実行するために、法があり、広告法規は「広告倫理法」という位置づけになる。

法規の捉え方

ここで広告法規に関連する「表現の自由」の目的についても触れなくてはならない。これまで表現の自由は民主主義に不可欠な権利で、判例でも基本的な考え方として広く認められてきたものである。この特別に、保護の対象に値するものとしてのこの考え方は、社会全体に不利益をもたらす場合、特にメディアにおける表現の自由が制約を受けることに舵をとる傾向が強い。これは、メディアによる表現の自由が、メディアや広告の営利のために存在するものではない。広告における表現の自由は法によって広告の専門的な責任から免除されるという勝

〔資料5－5〕 広告論における「法規と倫理」

	法規	倫理
20世紀 （予防倫理）	表現の自由に対する「規制論」	「義務論」（沈黙論）、法の補完
21世紀 （積極倫理）	価値ある情報の「擁護論」「保証論」	「価値創造論」（広告発展論）

手な解釈は許されないことを意味し、消費者にメリットを生み出す価値ある情報のみ、強い保護対象とされることを意味している。いわゆる消費生活において消費者が、価値の選択を自立的に行うことを可能ならしめるものであることに外ならない。価値のない情報は保護の対象外なのである。最近の憲法学の支配的潮流について、「憲法の保障する基本的人権は、人間の人格的自律を基盤にして捉え直す」（渡辺＝松井、二〇〇四年）という。

積極倫理において、なぜ倫理が法に関心を寄せねばならないのだろうか。広告論において、これまでは、広告法規は「規制論」、広告倫理は義務論に沿った「規範論」「沈黙論」として広告論の片隅で論じられてきた。広告論のテキストの巻末にひっそりととり上げられ、ある場合にはタブー視され、クリエイティブの視点にも「価値」として認められることは少なかったものである。われわれが、法規や倫理を学ぶのは、表現の自由によって価値を生み出し、発展の価値として、その質を高めることに外ならない。メディア関係者が表現や報道の自由を守るために全力を集中するのは、媒体社の利益だけではなく、多面的な善の価値を求めているのと同様である。

広告論にみる広告法規と広告倫理を積極倫理という側面から整理したのが**資料5－5**である。

簡単な事例を挙げてみよう。「商標」は広告表現の規制として捉えられ、「他人の権利として犯してはならないもの」とされたが、視点を換えれば「価値のある情報」は絶対的権利として擁護され、ブランド戦略として企業活動の柱をなしている。これは価値ある情報を生み出すもののみが、その保護対象となることを意味している。したがって、価値のない情報は排除されることになる。

〔資料5－6〕　広告法規の捉え方

広告六法	義務論で捉える	価値論で捉える
消費者基本法	表示の適正義務	消費者の自立支援、広告リテラシー
民法	過失責任、不法利得	規範的責任、期待責任
不正競争防止法	模倣禁止	国際的権利価値
景品表示法	誤認の禁止	自主的商品選択力促進
著作権法	著作権の専有	文化価値の創造
商標法	商標権の専有	ブランド価値、マネジメント指標

二一世紀の広告法規は、これまでの規制論から転じて価値ある情報の擁護論（**資料5-6**）で捉え、倫理の究極の目標である価値論を支援する関係を構築することにある。

表示方法の整序

表示の混乱が消費者の商品選択を混乱させるという現象は古くからみられ、エジプトでは紀元前三〇〇〇年頃の「上等のブドウ酒」という刻印が残されている。日本でも室町時代には屋号の混乱がみられたが、規制を担当する権力が弱体だったため、規制効果は薄かったようである。商品にいたっては「日本一」「天下一」が公然と用いられていて、「織田信長は畳職人に「天下一」と名乗らせた」（植木邦之、一九九六年）と伝えられている。

表示方法の整序については近代法制によるところが大きいが、この表示の混乱を防ぐための法制の導入は、まず「表示の権利化」にみることができる。いわゆる特定の意味をもつ表示を権利化し、これを侵害する行為に対しては、権利の行使によって排除させることである。

こうして、一八九九年「特定の意味を持つ表示」としての商号が商法で、著作権が著作権法により保護されたのをはじめ、同年、パリ条約（工業所有権の保護に関するパリ条約）に加盟したのを機に、いまでいう産業財産権法（工業所有権法）、すなわち商標法、意匠法、特許法、実用新案法の制定をみている（**資料5-7**）。また、これらの権利を保護するだけではなく、権利化されたものと類似した形で用いたり、攻撃したり、これらの権利者

〔資料５－７〕 表示方法の整序

区分	立法化
「権利化」時代 (19世紀末)	民法（1896年)、商法、著作権法、産業財産権法４法 (商標法、意匠法、特許法、実用新案法) (いずれも1899年)
消費者保護時代 (20世紀後半)	独占禁止法（1947年) 景品表示法（旧法、1962年) 消費者保護基本法（1968年) 製造物責任法（1994年)
消費者自立促進時代 (21世紀)	消費者契約法（2000年) 特定商取引法（2000年) 消費者基本法（2004年) 景品表示法（改正、2009年)
知財立国時代 (21世紀) プロパテント対策	知的財産基本法（2002年) 知的財産戦略本部（2003年) 知的財産高等裁判所（2005年)

を妨害する中傷・誹謗行為など、権利侵害に近い行為に対して規制の強化がはかられるが、同時に国際的にもパリ条約の中で原産国表示と不正競争を規制するための規定が成立している。この規定は各種条約で強化・改定されて、競争者の商品との混同を生じさせる行為を「不正競争」として、世界的に認識させるに至っている。

ドイツでは一九一一年、不正競争防止法を成立させたのを機に、日本でも一九三四年に不正競争防止法を制定した。これは当時、日本の商標がアジアで権利侵害の対象になっていたことと、不法行為の成立のためには、権利の侵害がその要件ではなく、「違法性」の存在のみで足りるところから解釈上の障害がなくなっていたということによるものである。

こうして、不正競争防止法は一九六二年の景品表示法の制定までの不当表示に関する直接的で、中心的な機能を果たしてきたが、間接的とはいえ、個別の法律も存在する（**資料５－８**）。これらは特定の商品やサービスについて、表示義務を課すことにより、その表示効果を無にするような表示を禁止する構成をとっていて、公正な競争維持機能を果たしている。

〔資料５－８〕　間接的な表示規制

契約上の表示規制	宅地建物取引業法、旅行業法、医療法、特定商取引法、証券取引法など
衛生上の表示規制	食品衛生法、薬事法、農薬取締法など
品質維持の表示規制	消費生活用製品安全法、電気用品取締法、ガス事業法、計量法など

近代市民によって、市民革命の実現を果たし、「権利の主体」として、三つの原則を獲得することになる。これが民法の基本三原則とされるもので、社会発展の原動力となってきた。一つは所有権を自由に処分できる「所有権絶対の原則」、第二は自由な経済活動ができる「契約自由の原則」であり、第三は過失がなければ不法行為の責任を負わないとする「過失責任の原則」である。

しかし、この原則を尊重しながらも修正を加えなければならない事態に直面することになる。資本主義経済の高度の発展により、較差問題が生じたからである。このため、一九四五年以降、立て続けに民法の改正が施行されている。

その第一は、「公共の福利の原則」である。個人の権利は社会全体の利益を配慮し、行使しなければならないとするものである。

第二は、「信義則の原則」で、権利の行使や義務の履行は人を裏切らないように誠実に実行することである。

第三は、「権利濫用禁止の原則」で、私権の行使に際しては他人に自分の立場を押し付ける行為の制限である。

民法の改正により、消費者保護時代の主役として機能してきたが、二一世紀に入り、消費者自立時代に応えるための法として、改正の検討が必要になる。二〇〇九年の消費者庁設置を機に消費者基本法の具体化が求められ、契約のルール化がそのポイントである。契約は自立の重要な要件であり、商法や消費者契約法によって、個別にはとり込まれてはいるが、これらに民法の大きな柱を通し、一貫性をもたせる改正作業で、二一世紀の「消費者自立と契約」の指針を示すことになる。

(2) 広告六法

なぜ広告法規を学ぶのか

広告における法規の機能や使命は三つの視点から明確にしなければならない。

その第一は、広告コンセプト構築の基本情報である点を挙げなければならない。広告コンセプトは、広告計画、実践管理の核になる概念で、統合性、戦略性が加味され、力強い表現力を生み出すものとして捉えられてきた。これは関係者の合意によって構築されるのが原則であり、これは八つの基本情報から構成される（拙著『広告マネジメント』）。広告法規は、この大切な広告情報の一つとして位置づけされる。因みに、他の七つの情報とは、「製品・サービス」、「企業情報」を中心に、「市場情報」、「消費者情報」、「流通情報」、「販促情報」、「環境変化情報」である。

この第一の情報としての捉え方は、法規を「知識」として認識するレベルではあるが、知らなければ実務に支障をきたすことになる。すなわち、知らなければ実務がすすまないのである。ここでの広告法規は商品ごと、マーケットごとに異なり、厳守する、制約されるものとして認識されてきた。このことが、「守ればよい、法に触れなければよい」というスタンスを生み出すことになってしまったのではないか。コンプライアンスが企業や広告の理念にはならないが、法規はコンセプト構築の基本情報であることには変わりはなく、広告科学として更なる磨きを掛けなければならない重要な研究領域である。

第二は、広告における「公正さの基準」を示していることである。これは、予防的姿勢とはいえ、広告における倫理的判断の基準を示してきたことは事実である（**資料5-9**）。これにより、効率よく広告業務に専念できたはずである。広告法規は広告六法を中心とした関連法、自主規制・倫理綱領、及びこれらの中間に位置する規約（公正競争規約など）の三層から構成され、これらはいずれも関係者の「合意」に基づいたものである。しかし、

〔資料５－９〕　広告の基準（広告六法）

公正な自由競争のために	独占禁止法、景表法、不正競争防止法など
適正な広告ビジネスのために	民法、商法、下請法など
多面的な広告責任を果たすために	消費者基本法、教育基本法、民法など
広告の権利保護と有効活用のために	不正競争防止法、著作権法、商標法など
情報社会への適応のために	個人情報保護法、プロバイダー責任法など

残念なことに、この三層構造をなす広告法規に実践とか価値倫理の視点が加味されず、加味されたとしても、これが認識されず、「習慣形成」の域にまで達していない。すなわち、制限、制約の道徳上の徳目を掲げた自主規制としか目にとめてもらえず、法規のもつ倫理性の研究は、立ち遅れてしまうことになったのである。

二一世紀の法規は、価値ある情報としての擁護論、保証論で捉えられるのも、公正さの基準の領域に属するものである。ここでは、倫理を前提とした広告法制の特性が生かされなくてはならないのである。

第三の視点は、広告倫理をサポートする社会的支援システムとしての機能、使命である。

①　広告の自由、公平の獲得（自由を平等に分配する、義務や責任の公平な割り当て）

②　広告における善の価値創造（価値と発展を促す自主的な活動体制）

③　価値の蓄積による広告文化の構築

以上の三項目は、二〇世紀の反省事項そのものであり、これを整理することにより、広告倫理の課題が明確になった。この課題の解決は、広告法規を倫理の社会的支援システムとして捉えることによって可能となる。いわゆる広告法規の活用によって広告倫理の課題に応えることができる（**資料５-10**）。このことは、これまで制限、規制の概念とされてきた広告法規の捉え方に大きな変化をもたらすことを意味しているのである。広告倫理の具体的な循環型実践モデル（第四章）を示すことにより、広告法規の位置づけが一層明確になるはずである。

〔資料5-10〕 広告倫理の課題と広告六法

広告倫理の課題	倫理を支援する広告六法	実践行動の例
責任の共有 （自力、契約力）	消費者基本法、教育基本法、民法（改正審議）	広告リテラシー教育、クリエイティブ・マネジメント
格差是正 （公平、対等）	民法、商法、独占禁止法、下請法、景品表示法	競争、契約の条件づくり、公正な広告ビジネス
自主的な商品選択 （私権の保護）	不正競争防止法、景品表示法、商標法、商法	不当表示（広義）の排除 ブランド研究、約款と広告
権利の擁護と活用 （創造、保護、活用）	不正競争防止法、著作権法、産業財産権法4法、民法、個人情報保護法	有効利用 セキュリティ

知的財産権と価値づくり

特許権がイギリスに産業革命をひき起こすところとなったが、法や制度が価値を生み出した代表的な事例をみてみよう。

当時ヨーロッパにおいて、イギリスの科学技術が特別すぐれていたわけではなかったようである。この答えとしては、イギリスにおける近代的所有権の確立、知的財産権を保護する「特許制度」の存在を挙げなければならない。放っておいて、あるいは待っていては価値が得られないと考えたからである。一六二四年、専売条例を制定し、新しい製造物に専売権を授与したことが発明のビジネス化のはじまりとなった。

日本においても文化法とされる著作権法の不備が広告の価値を抑圧するならば、「映画」や「写真」と同じように「広告」を同法の主体として提案する実践が、価値づくりの基本行動となろう。

さて、広告における知的財産権の構造は**資料5-11**に示すとおりであるが、この知的財産権と価値との関係について考えてみよう。知的財産制度は厳格な条文で構成されているイメージで捉えがちであるが、それぞれの分野における現実の姿は、実践力のある倫理があってはじめて価値を生み出すものであることをいくつかの例から考えさせられる。この知的財産制度の機能は二つの側面をもっている。一つは権利者に専有権を与え、研究開発への取り組みを促進させる価値創造の機能をもっている。もう一つは、この権利を公開す

〔資料 5 -11〕　広告と知的財産権

権利と対象			登録（保護期間）	法制 国内法			法制 条約	
産業財産権	特許権	高度な「発明」	要（20年）	特許法	（特許庁）	不正競争防止法	パリ条約	WIPO（世界知的財産権機関）条約
	実用新案権	考案「形状構造」	要（10年）	実用新案法				
	商標権	ロゴ、マークなど	要（10年）更新可	商標法				
	意匠権	デザイン	要（20年）	意匠法				
	営業表示権	商号	要（営業登記）	商法				
	秘密保護権	トレード・シークレット IoT データ（検討中）	不要	不正競争防止法（営業秘密）				
著作権		小説、音楽、美術、映画など	不要（死後50年）	著作権法	（文化庁）		ベルヌ条約 万国著作権条約 など	
パブリシティの権利 プライバシーの権利		映像、肖像	不要	判例、民法、商慣習				

ることにより、技術・発見の普及を促進させ、社会的革新をもたらす。すなわち次の発明・発見を誘引する機能で、文化・文明を切りひらく力になるものである。

ごく身近かな事例として、一九六四年の東京オリンピック時に初めて採用された絵文字（ピクトグラム）はデザイナーの著作権放棄によって社会的共有性を確保し、文化としての特性を発揮している。

知的財産の取り扱いはオープン、すなわち公開し、共有を促すのか、クローズ、すなわち登録によって専有化するのかを制度的にどうあるべきかの問題解決に関する倫理力が問われるものである。

ベンチャーが産業の革新的発展をもたらし、成長を支えてきたアメリカの知的財産についてのルールに範をもとめた日本における事例（橋本、二〇一六年）は広告倫理の価値づくりに有効なヒントを与える。

一般に研究成果は大学で論文として公表されるが、この時、特許の出願時期が問題となる。

特許の出願前に論文を発表すれば知財の新規性を失い、知的財産権の登録が不可となるため、現実性を加味して、グレースピリオド、すなわち論文発表から一定期間に特許出願すれば、この新規性を喪失しない猶予期間がルールとして設けられている。一方では大学における基礎研究が知的財産権で専有され、クローズとなると、この研究成果の利用が制限を受けて、産業の発展を阻害する。このため、知財登録を超越した「サイエンス・コモンズ」、すなわち誰でもが利用できるような努力がなされる。

また、大学が知財を取得しても、その製品化等の実用化は民間企業に期待が寄せられるため、大学のもつ特許を企業に円滑に移転できるような機関が必要となる。このため、一九九八年施行の大学等技術移転促進法により「技術移転機関（ＴＬＯ）」が整備され、国の委託による研究開発の成果である知財を研究開発を受託した機関に帰属させるシステムが有効に機能している。

これにより知財獲得と技術移転が活発に行われているのが医薬品産業などの事例にみられる。

知的財産権の保護に関する課題も簡単ではない。登録によってのみ保護されるだけではなく、グローバル化、知財情報のセキュリティ問題に対応するため、各種の課題に対応する戦略が不可欠となる。

その事例をあげれば、第一は、国際審査の体制づくりがある。日本知財学会などが提示しているように、各国別々の審査体制をグローバルに対応し、価値創成をスムーズにすすめることである。

第二は、特許の場合、その保護期間は二〇年だがこれで時代の変化に対応しているかどうかという問題もあろう。重要な技術力を維持するために特許として出願せず、**資料5-11**に示すように「営業秘密」として保持する戦略もとられる。このため、営業秘密の保護強化をはかるため、不正競争防止法の改正を重ねる。

それぞれの知財保護戦略が重要なテーマになってきているのである。

広告著作権

知的財産権を有する広告の創作物にいかなる「価値」をもとめるのか、法制に向きあう倫理が問われており、価値創造の基本的課題である。これほどに、広告倫理と知的財産権とはとても深い関係にある。中でも広告ともっとも関係が深い権利に著作権がある。文化の発展に寄与する広告法制としての著作権法が機能していて、広告六法の主役を占める位置づけにある。他の知的財産権法と異った点は、その第一条にみられるように「文化の発展に寄与することを目的とする」という点にあって表現の自由とも関連性が深い。著作人格権の保護強化、著作隣接権を新設して、現行の著作権法（一九七〇年）がその任にあたっている。

ＴＰＰ（環太平洋経済連携協定）はその発効の有無に拘らず、審議の過程で課題が明確にされることになった。ここでは知的財産権問題がとりあげられ、中でも著作権保護期間の延長が課題の中心となった。欧米では死後七〇年であるため、日本の五〇年ではＴＰＰの主旨に反し、日本のそれを世界に合わせざるを得ないという、グローバル経済の力を思い知らされることになった。

しかし、このパブリック・ドメイン入りするまでの死者の死後七〇年間というのはどうして生まれてきたものであったのだろうか。立法のねらいは、著作権が文化法として把握され、作者などの権利保持者の持つ利益と、これを利用する多くの人たちの利益のバランスの上に立っている。後者にあたる利用者は、できるだけ早く再利用できるようにと望むだろう。この望みは特に広告クリエイティブ上にある。こうした社会全体のバランスを考えた七〇年ではなく、ＥＵ法が、死後著作権期間が最長のドイツ法をヨーロッパ立法の基準に採用したもので、価値とか倫理的配慮なしに、法制度の調和として現実的妥協の結果生まれたものである。

この著作権法における権利者の死後、保護期間七〇年問題はネット社会における文化の発展、価値や文化の拡大現象に逆行するものとして著作権法の再考を情熱的に主張する法学者が多く存在する。利用者の権利を優先し、著作権法の初期目的を達成するのが主旨でそのポイントは知的財産権の共同使用によって文化発展に寄与させることにある。

因みに、ネットワーク上では「知的コモンズ」という概念が広がりをみせている。本来は複雑で、めんどうな知的財産処理を要する写真、資料、歴史的書物などの知的財産を制約なく、共有し、利用できるという概念に基づく仕組み「クリエイティブ・コモンズ・ライセンス」もすすんでいる。

さて、この著作権法においては、広告が直接その対象とされていない点に問題がある。広告の一部を構成する写真、イラスト、コピーなどはその対象として認知されていたが、広告という概念、広告を意識して立法化されたものではない。

やっと「広告と著作権」が市民権を得たのは一九九四年の著作権法学会である。

広告と著作権にかかわる取引上の課題として次の三項目があげられる。

①契約問題

著作権の所在は、基本的には契約上の問題としながらも倫理コミュニケーションの不足により、納得のいく契約にはなっていないケースも存在する。これは一方的な力関係が黙認され、広告主と広告会社、広告制作会社の合意は得られているとは決して言えない。

②判例の「ねじれ現象」

広告制作物によって著作権者が異なる点である。グラフィック制作物の著作者は制作者または制作会社にあり、テレビＣＭは広告主にあるという判例があることもその一例である。

③利益分配の問題

広告作品の自由な利用を期待する広告主サイドと広告制作者サイドの利益のバランス問題である。すなわち、相互依存関係で成立している立場にある人たちの利益分配問題にバランスがとれているかどうかの合意を要する点にある。

広告と著作権に関する諸問題に対し、梁瀬（二〇一五年）は、著作権法の再考を提案する。ポイントは「広告コンテンツと著作権に関する条項を著作権法で明記すること」にある。これにより、これまで不足していたこれらに関する倫理コミュニケーションが開花し、映画と同様に権利意識を高め広告クリエイティブの質の向上に貢献できる作業体系ができあがる。

こうした法改正に関する提案は社会契約論、功利主義、法実証主義により総合的判断が下されるが、これは、広告倫理における実践行動の代表的な活動の一つである。広告倫理活動により広告の価値を高める機能を本質的に法制がもっているからである。

第五章の「合意形成の倫理」に関する「命題リスト」

- ●「合意は真理である」
- ●「倫理コミュニケーションは社会化の絶対条件である」
- ●「倫理コミュニケーションは根源的な自由を生かし切る力がある」
- ●「倫理コミュニケーションはコミュニケーションのコミュニケーションである」
- ●「広告倫理は合意形成の科学である」
- ●「広告倫理が法規を監視する」

●「広告法規は、広告倫理を支援し、価値を生み出す社会支援システムである」
●「広告法制は倫理の存在を前提にしている」
●「感情は哲学の基本項目で、共感と是認を得ることがポイントである」
●「合意形成の倫理とは、広告の社会化、倫理化をはかる積極的な広告活動である」

これらの命題を批判し、議論のテーマとしてお使いください。

第六章　広告文化構築の倫理

▼「広告文化の構築とは、価値を文化として定着させ、さらに新しい価値を創出する基盤づくりの循環型活動体系である」

一、価値と文化

(1) 構築の文化

文化の特性

文化とは、組織、集団の学習により「共有された暗黙の仮定のパターン」（E・H・シャイン、二〇一六年）であり、価値の反映である。つまり、組織が共通の経験、学習を積むことにより形成される組織の共有財であり、組織の認識方法、思考パターン、集団行動、価値観を決める基盤となる。これは組織のメンバーによって学習され、共有され、次世代へも伝達される思考、制度、慣習などを言い、標準的なものとして社会に受け入れられる様式である。

文化には、不思議な力が宿る。まず、信念を育むことで合理的な行為へと導く力があって、新しい価値や文化に転化する力がある。同時に、この文化には多くのリスクも伴う。文化は人を支配し、個人の人格を無視する行動へと導く危険性もある。

第二のリスクとして、文化は潜在性を有し、意識されないことで組織文化としては最も危い状況をつくり出す。第三は、組織人は文化に頼る傾向が特に強く、広告の発展を遅らせることである。

このため、文化とは「リーダーシップである」とも定義され、戦略的マネジメントの必要性が強調されることになる。

循環型の文化構築

倫理の目的論展開は条件つきで考察しなければならない。

M・ウェーバー（著『プロテスタンティズムの倫理と資本主義の精神』）のいう目的合理的行為は目的の達成手段を探究するのにはとても有効であるが、価値を内在化させ、価値の相対性、環境変化に対応するための絶対的な力を持ちあわせていない。

このため、本書では、価値の反映である広告文化の構築は「内側から変革する力」、すなわち「価値の相対化」をはかる基盤であり、価値を増幅させ、問題意識を生みだす、すなわち常に循環させるサイクル（価値創造の循環型実践モデル、第四章）として提示した。したがって、これは新しい価値を生み出すための「循環型価値創造の倫理」である。

M・ウェーバーは、合理性には目的合理性と価値合理性があるとする古典的洞察力を教示する。前者の目的合

〔資料６－１〕　価値と広告文化

	価値創造（第４章）	広告文化構築（第６章）
合理性	目的合理的行為	価値合理的行為
価値性	価値の創造 問題解決	価値の定着と価値創造の基盤づくり
実践	戦略性、理念	広告マネジメントのテーマ 慣習化、自己転回
	「価値創造の循環型実践モデル」（第４章） 循環型未来倫理の展開（第７章）	

理性は右記のとおりであるが、一方の価値合理性は目的というよりも、それ自体で価値をもつ連鎖的活動である。常に変化対応型の実践サイクルを示すのはこのためである。役に立つとは、この二つを合流させ、満足を得ることに他ならない。

資料６－１は広告文化と価値の関係、**資料６－２**はこの関係を循環型で捉え、これを図に示したものである。

循環型構造は、反省の倫理を実践文化として積みあげる体系である。相対化が何も生み出さず、組織文化の破壊をもたらすのは、この循環型の価値創造体制が停止状態にあるためである。

このように、広告文化の構築とは第四章の価値創造で構築された広告の価値を広告文化として定着させることと同時に、価値の相対化をはかる力を育み、さらなる価値を生み出すための行為を習慣化させる広告の積極的な活動体系なのである。これは、いわゆる価値の内在化をはかり、広告課題を明確にできる機能が文化にあるからである。すなわち価値は社会的規範として文化の中で醸成されるからである。

広告倫理はこのように、構築主義傾向の強い特質を有している。構築主義とは文化的特質を所与のものとは捉えず、構築過程やマネジメントなどの力学にウエイトを置くもので、広告倫理が人工的体系の応用倫理であり、広告の文化的特質が不変のものでないことと深いかかわりをもっているからである。

この構築主義に関連して、Ｊ・Ａ・シュンペーター（一八八三〜一九五

〔資料6－2〕　循環型の価値創造

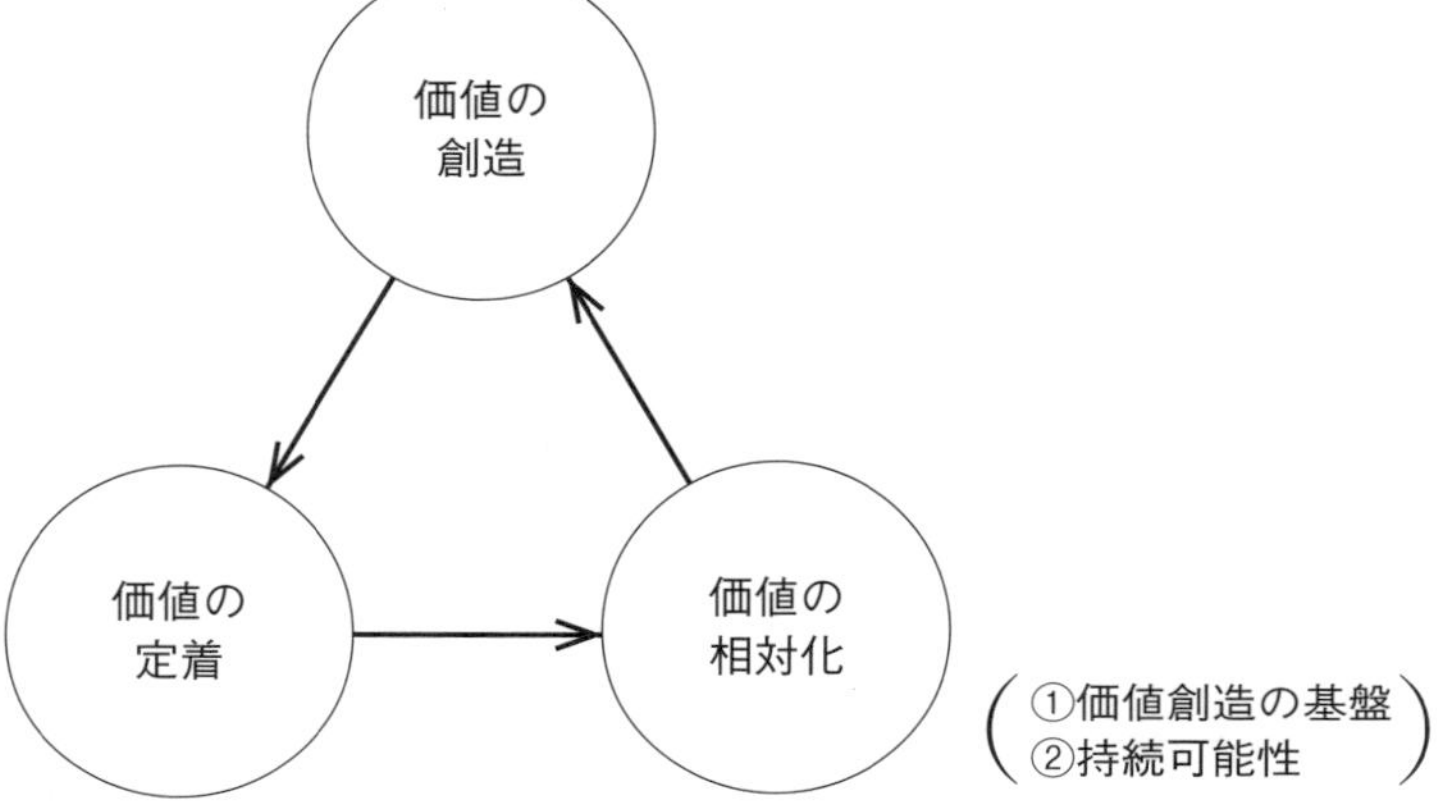

○年、主著『経済発展の理論』）は現在の広告文化に魅力と強い示唆を与えつづける。彼の印象的な言葉に「創造的破壊」があって、注目したいのは「創造」が「破壊」の前に位置づけされていることである。同時に技術革新に連動した、市場、組織との「新結合」と経営者の将来を見通す「リーダーシップ」「現場・実態」を念頭に置いていた経済的転換の理論で経済学者以外にも魅力を放つ文化相対論である。

(2) 文化の形態

倫理を文化として考察するとき、広告は文化のどのような形態に属するのであろうか。まず、文化の形態を三つのタイプに分けると次のようになる。

第一は「自民族中心主義」である。これは自民族優越思想で、自民族の文化や価値観こそ正統なものだと主張し、これを強制する。他民族の主張は聴き入れないエスノセントリズム（ethnocentrism）である。

広告倫理では広告表現に関するメディアの免責論とも言える、「メディアの広告貸座敷論」などがこれにあたる。半世紀にわたり黙視されてきた新聞社の論理は、関係業界群で議論の対象とされることなく、広告界では沈黙と言う静かな文化が通ってきた。

広告文化は広告主、広告会社、媒体社、広告制作会社などがそれぞれの独立体制の中で共感、共有意識に基づき育生されるもので、違和感を覚える沈黙の倫理時代を代表する新聞社の正義論である。

第二の形態は「文化相対主義」である。これは右記の自民族中心主義に対比する立場をとる。それぞれの文化はその環境に適応する形で形成され、固有の価値をもっていて、優劣や善悪とは関係がない。「絶対的だ」とは決して言わない。

一見、寛容で快い響きをもっているが大きな落し穴がある。

広告倫理では、広告主と広告会社の間に存在する「モラルの沈黙」（国分、二〇〇八年）が具体的な事例としてあげられる。会話によるコミュニケーション不足も手伝って、寛容が不幸を招く、根の深い広告課題である。目標不在で、共通の目標を目指す力のない現代を「相対主義の時代」（姜尚中のことば）とも言われる。

第三の形態は「文化多元主義」である。これは文化の独自性を尊重しながら民族間の平等と共生を積極的に考え、実行する立場をとる。

これは唯一絶対の真理は存在しないとするプラグマティズムの基本思想でもある。

広告倫理において目標とする文化の形態は、もちろん、第三の形態である「文化多元主義」をベースに考察することになるが、具体的には前項で述べた「広告文化構築主義」にある。

文化の形態は以上、三つの形態に分類できるが、二〇世紀の応用倫理は総じて、文化相対主義のうずの中にあって、広告倫理もその例外ではない。この相対主義の文化は一見してメリットを生み出しそうだが、実践的と言えない。応用倫理に関心が高まるにつれ、文化相対主義への無関心さ、疑問点が目立ってきたのは、実践へのプロセスを明示しないこともその一因だろう。

ここで文化相対主義の特性を整理してみよう。

J・レイチェルズ（二〇〇三年）は文化相対主義の特性を次のように教えてくれる。

・異なる社会は異なる道徳規範をもっていて、どれが優れているか判断できる客観的基準は存在しない。

・倫理に「普遍的真理」などは存在せず、社会の道徳規範といわれるものは、多くの中の一つに過ぎないものである。
・ある一つの社会の道徳規範がその行動を正しいとするならば、少なくともその社会において正しいのである。
・他の人々の行為を判断しようとするのは全くの傲慢であり、他の文化に対して我々は寛容な態度をとるべきである。

以上が文化相対主義のポイントとなる。この文化相対主義が倫理を語るときに、とても都合のよい響きに聞こえるが、倫理から逃避するためのとても便利な言い訳にすぎないことに気付くことになる。他の文化を尊重し、「寛容の精神」に基づきその優劣についての判断を回避するという中立で公正な態度を示すが、これは文化を黙認し、判断の保留、先送りすることの危険性を孕んでいる。これは二〇世紀の広告倫理にもみられ、沈黙、閉鎖の倫理から脱却できなかった反省材料にしなければならないことだろう。また、価値を生む倫理コミュニケーションをシャットアウトした歴史が語っている。

ここにも文化と倫理の関係が明らかにされる。

絶対的な真理は存在しないという前提に立って、現実的な課題に向きあうのが応用倫理の基本スタンスである。

(3) 文化と風土

倫理の基盤

新しい価値を文化として、しっかり定着させるための素地はその分野における文化や風土にあり、倫理の基盤となる。新しい文化を創り出す構築主義にとっては、文化的特質を所与のものとして捉える本質主義、すなわち「日本らしさ」は不可欠な精査対象となるはずで、構築中の応用倫理にとってはなおさらのことである。

広告倫理が応用倫理として機能するためには、現場主義であることがその構成要素から見ても明らかである。

これは倫理がその地方、その分野における文化、風土によって価値判断の基準を異にするからである。文化や風土はグローバル時代や輸入文化に踊っているときは忘れられやすいものであるが、広告文化論は広告における文化の定着には欠かせない研究テーマである。こうした研究も応用倫理としては進んでいるとは言えない状態である。本項では広告倫理における文化の定着を受け入れる素地について考えてみよう。

まず、共同体の社会構造を解明する学問としての文化人類学では、文化の発生、発展を科学的に解明するために諸文化の比較を研究手法とする。一般に、広く用いられる「文化」とは、人間自らが創り出したものの総称で、物質的なものと精神的なものの二つに大別できる。前者は人間が技術を用いて自然に働きかけることにより生まれる衣食住などである。

一方の精神的文化は教育、政治などにより人間自身に働きかけて形成される思考、制度、習慣、言語などであるが、広告倫理の対象は、いうまでもなく後者（前述）である。

風土は人間をとりまく自然環境であり、「特色ある文化」の形成はこの風土が大きな影響を与える基本項目である。企業における広告の倫理レベルはこの文化、風土によって、対応力に大きな差が生じたり、不当表示を生みやすいかどうかのバロメーターになることからも理解を得やすい事項である。同様に国単位で考えてみても受け入れられやすいものとそうでないものが現実に存在する。

広告倫理とは、広告実践の足元から固めなければ文化の定着は覚束ないことを福澤諭吉（文明論、実学、独立自尊）や和辻哲郎（人間の学、風土）の倫理学が教示する。

では日本の文化とはどのような特性があるのかを考えてみよう。このことにより、広告倫理の現状がみえてくる。

日本文化の特性を一言で表現するならば「重層性」だという（濱井、二〇〇九年）。これは外来文化の受容をもって形成されてきたものだからであり、共存的に層をなして蓄積されるという特性をもっている。

しかし、個人や組織の行動を根強く律する文化の本質主義が、二〇世紀の広告倫理をリードしてきたことを考えれば、広告文化の構築論に対峙する立場にあるため、自省的倫理の視点からも今後目を離すことはできない。

この代表的な文化論をリストアップしておこう。

①「性善説」の文化

広告法制はこの性善説の思想に立ったもので、倫理の視点から、これを監視することが前提となる。

②「お節介」の文化

不当な干渉によって判断してあげるという行為で、双方が損害を被る愚行である。本書でとりあげた「インフォームド・コンセント」はテキストに値する。

③「恥」の文化

西洋の文化「罪の文化」に対比される。これが、言いたいことも言えない「モラルの沈黙」へ展開されることは避けなければならない。

④「言わぬが花」の文化

「言わぬが花」「以心伝心」の倫理が日本に深い根を張る。これは「沈黙の倫理」で、コミュニケーションの難しさを教示している。

⑤「中庸」の文化

「まあまあ、その辺で」という「無分別」類の思想が強く、どこでどう決まったのかのはっきりした説明責任に齟齬をきたすこともあるが、人間性あふれる合理性を有している。

このように日本の文化は歴史的にみても他国とは大きく違う文化を形成してきた。いわゆる無分別の概念で捉えられる。AかBか、0か1か、左か右かの明確に分別されることなく、うまく外国の文化をとり入れながら、両極端の中間にその核となる解をもとめてきた。

アリストテレスの「中庸」（mesotes　メソテース）は感情や欲望において過大や過小の両極端をさけて、適切な中間に決定のポイントを置くが、これは過大と過小の平均ではない。「現実主義」にもとづく状況に適合する具体的な適切さにある。中庸には大きな機能がある。外ばかり見ないで内を顧みる視点をもとめていることと同時にバージョンアップへの期待と可能性がみられる点に注目したい。「論語」にも過不足なく極端に走らない中庸の徳は最上のものだという「中庸の徳たるや、其れ至れるかな」の一節があり、貝原益軒の「養生訓」でも中庸の大切さが説かれている（齊藤、二〇一一年）。

広告倫理の応用倫理化へのスタンスは、繰り返しになるが、人工的体系の倫理として、もう一度この中庸のポイントを見いだすために両極端を見つめ直し、現実主義にもとづいた、広告と倫理の両面におけるバージョンアップに期待を寄せるものと解してよかろう。

二、広告文化構築のマネジメント

(1) 組織の力

マネジメントのポイント

広告倫理は、これを構成する要素、すなわち「契約概念」（第三章）、「価値創造」（第四章）、「合意形成」（第五章）を「人工的体系の広告倫理」（第二章）の枠組みの中に置き、ここで築かれた広告の善の価値を広告文化として定着させる積極的な活動体系である。この広告文化構築を再定義してみると、ここには二つの重要な要素が存在する。

その第一は、第四章で構築された価値を広告文化として定着させる活動である。第二は価値や文化は、常に絶対的なものでないため、いわゆる相対性に応え、新しい価値をこの文化の中から育生するための積極的な活動が不可欠となる、いわゆる「広告文化の相対化」の課題である。

広告文化構築のマネジメントはこの二面性に応えるものでなくては持続可能性を満足させ得ない特性をもっている。

本書で、この「文化構築」を価値創造と一体のものと捉えるために示したのが、「価値創造の循環型実践モデル」（第四章）である。このモデルの意義は、目的論的行為と価値論的行為を同時に満足させるモデルで、広告の価値創造と広告文化構築とその発展を支えるものとなる。これは、いわゆる循環型のモデルであり、特に本章の主題となる価値や文化の相対化に対応する活動には、こうしたシステムや他の別の力が不可欠であるということが文化の特性であることは前述のとおりである。

マネジメントで重要なポイントは広告倫理が「組織倫理」でもあるため、組織に共通の、しかも納得の得られる目標が明確にされることが必要であるが、このモデルは価値をトランスレーションされた「広告理念」として共有できるものである。

広告の目的を問い質すことは広告倫理の本質、核心そのものである。同時に広告倫理の実践は戦略的な組織行動であるため、明確で、納得の得られる共通の目的でなくてはならない。では、広告倫理にもとめられる目的とは何を言うのであろうか。すなわち「実現されるべき広告理念」がこの目的となる。この広告理念の組み立てについて、もう一度「価値創造の循環型実践モデル」（第四章）を振り返ってみよう。現実の広告課題、実現されるべき広告理念とのギャップを善の価値に昇華させるために、目的論的実践の倫理コミュニケーションや広告法規を始め必要なルールづくりが必要であった。こうして構築された自社やグループの独自の善の価値を「実現されるべき広告理念」として練り上げたものである。ここには社会契約、価値創造、合意形成の倫理を主導させねばならない。

「広告理念」が公表されているといえども、明確で組織として共有できる広告の倫理目標になっているかどうかが実践上の主題となる。

このマネジメントにもとめられる能力とは何であろうか。

五つのポイントがあるが、いずれも広告の価値を生み出す能力、価値や文化の相対化に対応できる能力で、これらは「広告の倫理教育」（後述）によって支えられる。

・創造力と想像力

価値を生み出す能力、結果を想像し、未来を予測できる能力である。

・倫理コミュニケーション力

内面的価値を社会化、倫理化に転換させる力である。

・実践行動力

問題解決力、広告価値を創造し、これを理念に翻訳できる能力。

・文化力

信頼、誇り、価値の蓄積、広告資力に応える能力、あるべき未来像を描ける能力。

・反省と批判力

文化を相対化できる力、新しい価値を生みだす能力。

価値のマネジメント

こうして築かれてきた広告における「善の価値」を広告文化として定着させるマネジメントで、いわば広告文化・風土の底上げを行い、これを持続させるマネジメントである。単純な不当表示ミスが連続して発生するのもこの文化や風土が育っていないからである。

また、この文化・風土が倫理コミュニケーションの円滑な展開をもたらすことにもなる。このため、「広告文化構築の倫理」が主導しなければならない。まず広告倫理の理論と実践について、具体的に議論されることが大切であるが、その骨子は倫理の「習慣形成」である。アリストテレスもこの習慣形成を倫理教育の核にして考え

〔資料6－3〕　フレームワーク（広告文化構築のマネジメント）

	実践行動	本書の事例
エシックス・リサーチ	戦略的活用 情報の活性化	エシックス・リサーチ戦略（第6章）
循環型システム	合理的な運用管理	価値創造の循環型実践モデル（第4章） 広告倫理綱領による習慣システム（第6章） 循環型未来倫理の展開（第7章）
倫理教育	広告リテラシー学習プログラム	広告の倫理教育（第6章）
	広告の質向上	感情と信頼（第6章）

ていた。習慣形成は広告リテラシーの理念であり、持続可能性のある広告文化を構築する重要な原理である。

この習慣形成論には具体的な内容として、第一に広告リテラシー教育がある。これはすでに述べたように広範囲、多面的に考察を必要とする。特に消費者、市民を取り込まなくてはならない。第二に、倫理の実践活動を支援するためのルールづくりの運営がある。

クリエイティブ・マネジメントでは能力開発「創造性と倫理性」に関する盤石な基盤をつくることである。これも含めて広告倫理の具体的な方法論が応用倫理という視点から開発されることであろう。

広告文化は「価値創造の循環型実践モデル」（第四章）で考察したように広告の現実と課題を明確にし、価値を増幅する機能をもっている。すなわち、「文化とは問題認識を生み出す土壌」のことである。ローティも「認識とは現実に対応するための行動習慣を獲得していくことだ」と言い、広告における喫緊の課題はこの「認識不足」にあることに視点を集めなければならない大切なポイントである。

価値や文化がいつまでも不変のものではないため、広告文化として定着した価値から新しい価値を生みだす、創り出す素地が文化や風土に備わっていなくてはならない。これを支える基本的能力は反省と批判力である。しかし、これだけで満足させられるものではない。広告文化には課題を顕在化し、さらなる新しい価値を生み出す発展のパワーが含まれ、これをもマネジメントの対象として考える。したがって広告文化構築のマネジメントは**資料6‐3**に示すように三分野から構成されるが、本書の核になっている循環型モデルの円滑な運用そのものと言ってもよいであろう。

(2) 情報の質

真実性

「真実性」が広告の質を高める、これが広告の情報価値を高める基本スタンスであることには変わりはない。

因みに、広告を古典経済学ではどう見てきたのであろうか。のちの広告経済学に大きな影響力をもつテイラーの「広告経済学」（一九三四年、英）では、「買い手に購買を決意させた情報の質を検討することは経済学固有の任務である。この情報の質とは誇張や虚偽のない正当なものかどうかだ」（荒井政治、一九九四年）というように、自由を前提とした行為の中で、不当表示のマイナス面を学習し、広告の効果に還元できるような積極倫理の在り方が求められる。

広告の自主規制・倫理基準に提示される不当表示の基準は、例外なく①誇大、欺瞞、誤導、②不公正な競争、③反社会的なもの、の三項から成り立つ。これは、表示の真実性こそが企業、消費者、社会に利益をもたらし、消費者もこの「真実を求める権利がある」というスタンスが最も基本的な二一世紀の不当表示対応なのである。企業が加害者、消費者が被害者では根本的な消費者政策にはなり得ない。企業と消費者が協力して創り出す情報の質に関する倫理性のコンセプトは、この「真実性」にある。

日本では広告と法との関係に距離を置いて、広告の自主性を尊重する政策がとられてきたことは前述のとおり、一面では広告無視の政策である。しかし、法的にも広告を直視してきた国がある。古くから注目を集めてきたスペインの広告法である（長尾、一九九五年）。スペインの憲法（第二〇条一項、五十一条）には消費者が真実性のある情報を提供される権利とそれを求める権利を有していることを宣言し、これを受けて広告法では、広告活動が公正な競争の促進、消費者が自由に選択し、正しく判断できるような活動の促進を求めている。さらに広告規制の四原則の中に「広告内容の真実性」を強く求めていて、日本の政策を相当リードしている。これはそれだけではなく、ここに至る過程において、広告関係者、実務家、研究者の徹底した議論と合意の結晶がみられることである。消費者の持つこうした情報に関する権利と広告の真実性が、送り手サイドにも大きなメリット、有益であるという徹底した認識と、これを実行する力が広告の価値創造を促すポイントになる。

公序良俗と「社会的妥当性」

公序良俗とはなにかを改めて整理してみよう。これは正義、道徳、人倫を内包する言葉で、社会に広く受け入れられている秩序と善良な社会生活上のしきたり、規律、風俗をいう。公序とは「公共の秩序」で憲法の理念に基づく社会的規律が基本であり、良俗とは社会の倫理観念・道徳観念を意味するが、公序と良俗は区別せず、公序良俗の判断基準は社会的妥当性におくのが一般的といえよう。そのため、その時代の社会的妥当性は時代とともに変化するため、何が公序良俗違反にあたるかは個別に、かつ具体的に判断されることになる。

公序良俗の法的な意味は、公序良俗に反する条件を備えた法律行為は無効であり（民法第九〇条）、例えば商号（商法）は登記できず、商標（商標法第四条）は登録できないことになる。さらに公序良俗に違反する手法により他人に損害を与えた場合は、不法行為責任（民法第七〇九条）が発生することにもなる。

従来の「公序良俗」の解釈は国家の統治機構や性風俗を害する行為を対象としており、通常の取引行為の対象にはなっていない。しかも、道徳的ニュアンスが強い。しかし、消費者庁時代における公序良俗は、社会的妥当性と読み替えられる状況に至っていて、不当な内容を定めた契約については、これによって、契約内容の不当性を根拠に消費者契約の公序良俗違反の無効を主張でき、消費者を不当な契約から解放するために積極的に活用できる。この時の公序良俗は、法的支援にサポートされた積極的・戦略的な広告倫理の将来像が見え隠れする。

このように、社会的妥当性に欠ける行為としての公序良俗の一般的な規定は難しいとしながらも、桑原（一九

〔資料6－4〕　公序良俗違反行為の5類型

①	国家制度の基本趣旨ないし、正義の観念に反する行為
②	人倫または社会的感情に反する破廉恥な行為
③	著しく射幸的な行為
④	個人の精神上または身体上の自由を著しく拘束する行為
⑤	相手方の無経験、浅慮、窮迫に乗じて不当な利益を得る暴利行為

九四年）は**資料6－4**に示すように五つの類型を教示している。反政策的なもの、社会の理に反するもの、反教育的なもの、感情的に違和感を覚えるもの、人権・プライバシーを拘束するもの、不当に利益を得ようとする行為など多岐にわたる。広告が社会と深いかかわりを持つ以上、不当表示の重要な対象になる。

これら広告に関する公序良俗違反行為のすべては、生活感情における「不快」につながり、しかもこれらはネガティブな感情反応であって、企業や広告にいま求められている責任論とは相反する行為となる。こうした公序良俗違反は、それぞれの文化領域ごとに具体的なテーマであるため、広告の自主規制や倫理綱領に列挙され、マネジメントの重要な課題ではあるが、有効的に機能しているとは言えない状況である。また、体系的な研究や実践的体制づくりが遅れていることも事実である。この「不快」をもたらす不当表示行為を広告から排除するならば、広告や表示の適正化が体系的に進むことになる。

広告倫理綱領

情報の質を維持する社会システムに広告倫理綱領がある。

二〇世紀の広告倫理とはこの広告倫理綱領そのものであるとの説明、解説が主流を占めてきた。それほどに期待される機能は大きいが、現状は機能しているとは言い切れない面がある。

この広告倫理綱領は広告の行動基準、ルールを「文書化」したもので、広告倫理を実践し、価値を生み出す代表的なツールの一つである。これは広告六法や公正競争規約の内容を包含し、自他を律する機能が期待されるため、社会の合意を得ることの重要性が強調される。

日本においては、広告主、広告会社、媒体社などの各社、広告団体において広告倫理綱領が制定されているが、これがどれだけ活用され、期待に応える存在になっているかが課題なのである。

第四章では、価値創造の循環型実践モデルを示し、広告倫理綱領などのルールをそのセンターに置いて、広告文化構築、価値創造の要と位置づけている。このように、広告倫理綱領は広告の現実と、実現されるべき広告理念を関係づける。また、広告文化や理念は目に見えないが、社会に顕示できる唯一の証とも言える重要性をもっている。

では、広告倫理綱領をどう定義づけるかを試みてみよう。ひと言でいえば、「自主規制から進化し、価値を生み出すための広告倫理実践の指令書」ということになる。

広告倫理綱領とは

広告価値を創造する広告理念の構築をサポートし、持続性のある広告文化を創造する広告倫理実践の自律的なコミュニケーション活動の指令書である。

広告倫理綱領は、ありきたりの「べき」論など道徳的文言を並べたものではなく、広告倫理実践モデルにより、課題を共有し、議論を重ね、合意を得ること、現場に定着させることに注力される。

理念づくりや広告文化の構築に有効に機能させるため、広告倫理綱領の作成にあたっては、倫理行動として多くの関係者の参加を求めること、運用にあたっては習慣形成論の原理が日常の広告業務に通じていることが条件となる。

この倫理綱領は、単なる基準ではなく、自律性と自己裁量権をもつ「倫理学的な意味の見直し」を指摘される。このため、「外的な承認を要す」ことを忘れてはならない。

これは、広告の専門職集団と社会との間に高い倫理性と自律性を備えた取引関係が成立しているからである。

資料6-5は、広告倫理綱領を基点とする広告文化構築のサイクル論を提示したもので、これにより習慣形成

〔資料6－5〕 広告倫理綱領による習慣化システム

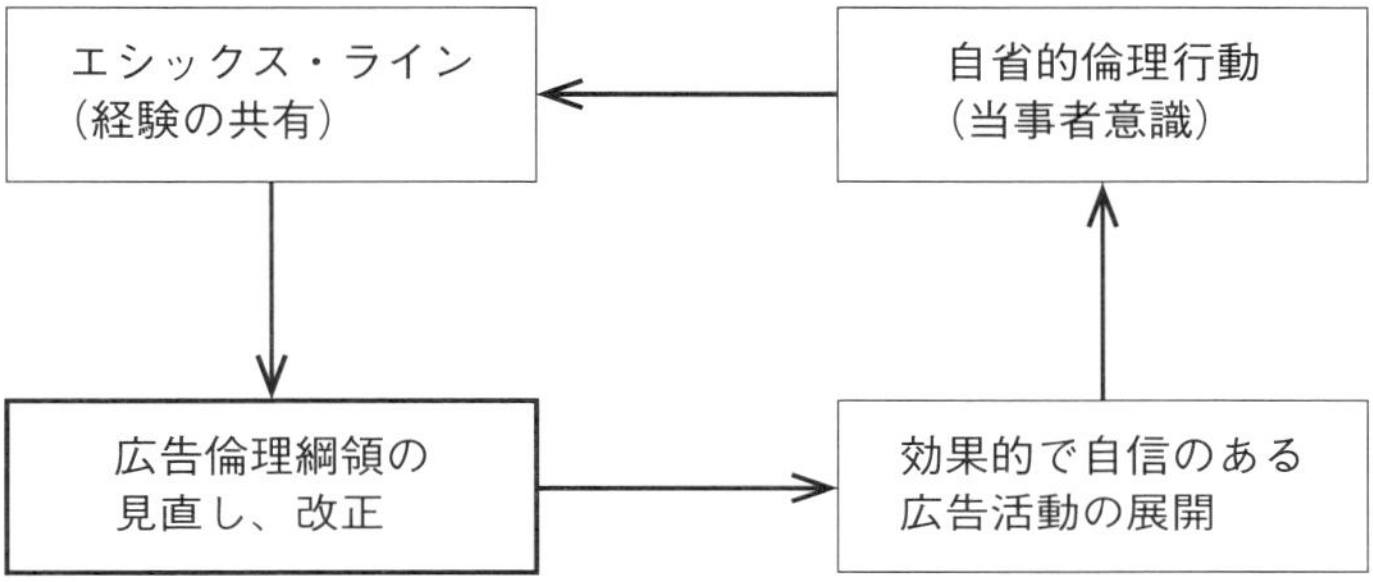

を実践的に捉えようとするものである。エシックス・ラインの六項目は後述のとおり経験を共有し、価値を創り出す源泉となる。

倫理学におけるこの「自省的倫理」に対峙するのが「自己絶対化の倫理」である。広告倫理を考察する際には常にこの二つの立場を明確に区別し、意識的に行動しなければならないマネジメント上の難題がある。なぜならば広告活動は、自己絶対化の要素が不可欠で、広告は自信をもって社会に送り出さなければならないからではあるが、同時に自省的倫理である循環型価値創造は、さらなる価値を生み出す活動の基本事項となるからである。

(3) 感情と信頼

共感という感情

共感という感情は道徳の基底をなしていて、道徳性に不可欠な要素であり、自己と他人を結ぶ社会的な共同感情である。道徳的な環境を持続させるためには、この共感が不可欠な要素である。アダム・スミスも著『道徳感情論』において、同感とは是認を得る条件であるといい、価値判断の条件でもある。

この感情問題こそ「人間」の問題であり、倫理思想上でも、またマネジメントの核として理論的にも前述どおり重視されてきた。これまで広告倫理の特性とされてきた閉鎖性、近視眼性という厚い壁を打ち破るのも人間が関わるこの感情の問題である。科学的でクールな情報のマネジメント時代とはその趣を異にしている。

広告倫理が「合意形成の科学」だといわれるのも応用倫理に一貫して流れる重要な特性であるからだろう。閉鎖的な広告倫理の門をこじ開けて、広告課題を解き、広告発展の倫理へと導くのも、この共感という感情を抜きにして成立しない。このため本書では、目的論展開そのものでもある「倫理コミュニケーション」を合意形成の具体的展開の柱の一つとしてとりあげたものである。

広告科学が追い続ける「信用」も信頼をベースにして成立し、「期待責任」に応えるためにも、広告倫理に関するマネジメントの核として「共感という感情」が重要な位置を占めるのは当然のことだといえよう。

「不快」という感情と信頼

広告による不快の創出は、私権の侵害であり、社会から是認されない。また、この不快という感情は、哲学の代表的な基本項目であって、哲学的倫理のベースを構成する要素であり、倫理を直観するのは、この感情に外ならない。

アダム・スミスの道徳感情論にも見られるように、彼は「同感」とは是認を得る条件と考えた。一般に、広告にもとめられる「共感」はこの是認を得る、価値を得る活動そのものである。

このため、広告における表示で、重視しなければならない問題に生活感情への抵触がある。いわゆる「不快」（**資料6-6**）に関する課題で、広告が消費者から共感を得ようと必死にクリエイティブ活動として表現開発に努力を重ねるため、避けて通れないものである。これは広告の送り手と受け手の感覚の「ずれ」（食い違い）に起因し、反社会的行為の代表的なものであるが、表現計画上意図してやったかどうかは問われることはない。やった結果において、このような「雰囲気」が残るとするならば、事後ではなく鋭い瞬発力のある対応が事前にとれる体制をつくらなければならない。

さて、この「感情」は「期待」「信頼」とともに倫理学においても有機的な関連があり、哲学系科学の基本的で、共通のテーマである。

〔資料6－6〕　広告の不快リスト（つぎのような印象を与えないか）

（ア行）	曖昧、悪徳商法、いじめ、一覧性がない、一貫性がない、一方的、意味不明、隠蔽、うそ、裏切り、押し付け
（カ行）	瑕疵、勧誘、聞きにくい、危険、期待はずれ、強制、恐怖、虚偽、欺瞞、虐待、業務妨害、屈辱的、くどい、下品、権利侵害、権利の濫用、権力、攻撃、公序良俗違反、酷使、誇大、誇張、誤導、誤認、ごまかし
（サ行）	詐欺、錯誤、搾取、サブリミナル表現、差別、騒がしい、残酷、下心、しつこい、失望、射幸心、焦燥、条件不備、常識はずれ、しらけ、心外、人権侵害、生活感情を損なう、扇動
（タ行）	脱税、脱法、タレントが嫌い、断定表示、中傷・誹謗、伝統否定、盗作、捏造
（ハ行）	反社会的、非科学的、非教育的、非常識、表示の不備、卑劣、卑わい、不安、不敬、不公平、不正直、不誠実、不当競争、不当利得、不道徳、不平等、不法行為、無愛想、不気味、侮辱、プライバシー侵害、暴力
（マ行）	間違い、みだら、見にくい、無視、無神経、無責任、迷信、名誉毀損、模倣
（ヤ行）	やらせ、やりっぱなし、読めない
（ラ行）	利益侵害、ルール違反
（ワ行）	わいせつ、わかりにくい、わざとらしい、悪いマナー

応用倫理のコンセプトは、信頼（性）であると定義した（岡田、二〇〇七年）が、この「信頼」とは、広告に対する各種の期待であり、広告の責任上は「期待責任」が問われる責任の主題である。

この期待は感情的な側面を有し、不快な感情を醸しだす時に信頼の喪失状態に陥る。期待水準は社会の変化、文化レベルに連動するため、社会心理学の研究課題のとして重要なテーマになっているが、体系化が動き出したばかりの応用倫理の分野ではこの視点が弱いようである。不当表示問題をはじめ、メディアの広告貸座敷論、提供番組評価問題などは、倫理の信頼とか価値の視点から取り残されてきたもので、この多くは「期待責任」の課題なのである。

因みに、「信用」（credit）が「経済学の対象としての社会的関係であり、当事者の信頼を前提とするもの」（世界大百科事典、平凡社）、「信用とは信頼と専門性とが統合された概念である」（仁科ほか、二〇〇七年）とされ、「信頼」の経済効果が重視される。

では、この「信頼」とは何であろうか。社会心理学的には「相手が自分を搾取しようとする意図を持っていないという期待」のうち、これを安心（assurance）と信頼（trust）に分け、「安心とは相手の自己利益評価（相手が自分を搾取しようとすることが相手自身にとっての不利益になるからそうしないだろうという期待）を言い、後者の信頼は「相手の人格や相手が自分に対して持つ感情についての評価に基づく期待」で、「信頼は私有財、公共財としての関係資本」とも言う（山岸、二〇〇八年）。

さらに山岸はこれまで区別されることのなかった信頼と信頼感を別の概念で捉え、「信頼（信頼する側の特性）とは相手の信頼性（信頼される側の特性、他利的）の評価」だと強調している。

こうした隣接科学の研究は、広告倫理の体系化と実践に有効なヒントを教示してくれる。

第一は、「信頼」に値する広告体質を創ること

第二は、「信頼性」を見極めるための広告知力の強化をはかること

第三は、コンプライアンス対応、外部強制型の「安心」を、価値共有型の「信頼体系」に転換させること

これらはまさに広告における「善の価値」を具体的に言い換えた「広告倫理の第二定義」とも言えるものである。このように「信頼」は広告倫理だけではなく、他の応用倫理においても、こうした経験科学との融合が体系構築には欠かせない条件となる。本書では、この点に関して応用倫理が人工的な体系であると繰り返し述べてきたところである。

(4) エシックス・リサーチ戦略

エシックス・ライン

倫理を敏感に素早く感知し、研ぎ澄まされた直感力が求められるタイミングとはいつなのだろうか。カントは、

これは現場における経験に基づくとも言った。

このエシックス・ラインの対象は広告表現、広告取引、広告媒体、広告法制など広告に関する全領域におよぶ。しかも該当要件と直接関わりをもつかどうかを問わないものとなる。広告の倫理課題は、大きなイノベーションに起因するもの（第一章）ばかりでない。日常の目の前にあって、組織の広告文化としてこれを敏感に感じとれるかどうかにかかっている。

①違和感を感じたとき

感じとるべきときに対応できないのは直観力が鈍っていることになる。違和感のチェック・リストは「広告の不快リスト」（**資料6-6**）がヒントになろう。

②広告出稿後に不当だと「指摘」を受けたとき

組織としての感度が鈍っていて、対応が遅れてしまったものである。出稿前の手当てがなぜ執れなかったのか。

③法に反したとき

他人、他社の案件といえどもその背景にある法的意味についての討議は価値を有する。法は倫理の構成要素である。

④発言、批判力がなくなったとき

批判力は新しい扉を開く。クリティカルな態度は多様なコミュニケーションを創造する。

⑤広告効果が直感できないとき

効果のない広告は反倫理行為である。広告効果と広告倫理の関係は広告の本質である。

⑥連続して広告事故が発生するとき

不幸にも不正、不当表示事故が発生したときには個別な対応では社会から信頼が得られない。広告理念、広告文化の徹底した組織的な改革がもとめられる。

〔資料6－7〕　エシックス・リサーチ

指標	本書（参考例）	ポイント
感情指標	広告の不快リスト（第6章）	好意度 好感度
価値指標	善の価値（第4章） 理念の構築（第4章）	価値創造
行動指標	エシックス・ライン検出（第6章） 倫理教育プログラム（第6章）	実践行動
能力指標	広告文化構築力（第6章） 広告の未来像構築力（第7章）	能力開発

これらのエシックス・ラインの早期発見、抽出と対応策を見いだす実践行動がエシックス・リサーチ戦略である。

エシックス・リサーチとは

広告倫理の実践行動が、「好意的で価値を生み出す条件を満たしているか」は重要なポイントとなる。「好意による行動」は、ベンサムのいう功利主義に最も似あうものとして古典用語とされるほど、自発的な感情が功利主義を支える原理である。

このため、ちょっとした倫理上の変化を見逃すことなく認識し、対応できる習慣化されたエシックス・リサーチがマネジメント上、有効に機能することになる。

このリサーチ戦略（岡田＝吉中、一九七一年）は広告科学の中で育成されたもので、広告会社が中心になって開発された実績を有しているが、広告の倫理当事者である、広告主企業の人たちがかかえる独自性のある実践的な展開が期待される。その内容は**資料6－7**で示されるが、倫理に関するリサーチを実施すればよいというものではない。いくつかの条件が伴うものである。

その第一は、戦略性をもっていることで、広告科学との一体化が不可欠である。すなわち、広告効果測定の一環として捉えることである。

第二は、目標管理の設定下にあること。このため各指標を数値化することにより、自省的倫理が機能する。

第三は、測定できることで実践力のあるものでなくてはならない。

第四は、定期的に測定すること。ちょっとした変化を捉え、エシックス・ラインを見落としてはならないのである。

以上の四点が条件となるが、これに要する費用は広告宣伝費の「一%」規模を提案してきた。この広告宣伝費一%は日本全国では六〇〇〇億円の規模となる。すなわち、広告倫理の課題は広告効果の中で考える戦略リサーチと位置づけることを意味し、広告科学とも遊離することはない。これこそ、倫理投資のエース格といえよう。

三、広告の倫理教育

(1) 習慣形成

自省的倫理

古代ギリシャ語で「性格」とは「刻み込まれたもの」という意味があって、善い行為を生活の中で繰り返し習慣化することによって性格化し、倫理的徳が生まれると解されてきた。これは日常生活で、中庸の徳を身につけることで感情、欲求がうまく調整され、いろいろな徳が身につくとされる。アリストテレスは「人間の徳は知性と徳にある」と言い、「習慣形成」は紀元前から一貫して流れる倫理、哲学の基本思想である。

習慣という個人の行動様式は、これが集団レベルで現れるのが「慣習」である。一般にモーレス（mores）はこの慣習の中で規範性の高いものをいうが、これらは合理的な解とか基準となるものではない。この有効性も制約も同時にもち合わせており、習慣形成とは、グローバル時代、未来志向時代に対応するための習慣や慣習の停滞を破る積極的な倫理行動の重要な一環と捉えられる。「慣習は第二の本性である」として福澤諭吉、和辻哲郎やプラグマティズムのデューイも実学を重んじ、今でいう「ＯＪＴ」を通じて習慣や慣習を人為的に創造することに力を注いできた。

広告文化構築における重要なポイントは広告リテラシー、すなわち体系的な広告教育と広告マネジメントにある。広告マネジメントは広告倫理の実践で得た価値を定着させ、これを磨きあげる倫理の底あげ行動である。この習慣形成は広告リテラシーの理念であり、倫理判断、価値判断に対する直観力を養う実践の基本項目である。また同時に広告の持続可能性、発展性の原理である。

応用倫理が反省を基本テーマとするのは、実践を通じて構築される倫理だからである。広告倫理の思想的基盤にプラグマティズムの思想や倫理コミュニケーションに求めようとするのはこのためである。

また、反省（reflection）は倫理学の基本項目であると同時に、応用倫理学に重ね合わせることのできる有用な用語で、「倫理は反省の学」ともされるのはこのためである。

ロールズの「反省的均衡」という方法論にもみられるが、全体論から捉えた科学的な探求法として倫理学的に重要な位置を占めるものである。

カントも反省的判断力とは個別的なものから普遍的なものを想定できる力をもち、目的論的判断力と美的判断力を養うという。いわゆる「反省、自省」の組織的な習慣化である。

このように、倫理学の先達も倫理に「反省、自省」の意義を強調してきたが、この用語から受けるイメージは、消極的で、戦略性に欠けるものとして捉えられやすいであろう。

しかし、この自省的倫理とされる伝統的な倫理行動こそ、実践的で、さらに新しい価値を生みだす相対化できる力を育む基本行動なのである。実践があるから反省がある。反省があるから次の実践、すなわち新しい価値創造に活用できる。この習慣形成が組織倫理の礎となる。

自省を習慣化する倫理教育、マネジメントは広告に関する当事者意識、責任意識を高め、広告の「善の価値」

を追いもとめる広告倫理の基本行動として捉えたい。このため、特に組織の慣習化を効率よく展開するための循環型のモデルに注目しなければならないであろう。またこれを支えるのが広告の倫理教育となろう。

因みに、分析哲学には、この「反省、自省」は存在せず、応用倫理の基本項目と位置づけされよう。これは広告科学の面からも支持が得られるだろう。なぜなら「やりっ放し」「先送り」の広告業務は存在せず、日常、自分たちの行う広告行動が社会にどのような影響を与えるのかの想像力が不可欠であるからである。

アメリカ社会では、連邦裁判所による「判決」のたびに、法の更新、法規の見直しを行う習慣形成がルール化され、強力な司法文化が根づいている。この「自省的行動」により、進化する感覚が醸成される。すなわち変革する力、相対化できる力が発展、持続可能性をもたらす原動力となる文化を創り出す基本である。

この自省的倫理を生かすためのマネジメント上のシステムづくりは、循環型実践モデルにより広告文化構築にとって有効性を発揮することになる。

(2) 広告とリテラシー

リテラシーの概念

広告の倫理性について、敏感に気づき、「モラルの近視眼」を排除するためにどう対応すればよいのであろうか。その一つが広告リテラシーの側面であるが、プレスの自由獲得活動の中から生まれたのが「リテラシー」である。

これは「メディアの自由がデモクラシーの奉仕」という積極的な目的遂行にあることを基本概念とし、干渉を受けない自由というような消極的な自由を超越した社会の発展に寄与できる自由をもとめたものである。この基本概念はハッチンス委員会によるリポート「自由で、責任あるプレス」(一九四七年)によることはよく知られ、イリノイ大学で体系化されてプレスの「社会的責任論」として支持を得たものである。メディア、市民、政府がメディアの責任を負い、自由、知る権利、公正などは情報社会の倫理問題として大きな力となり得るのはクリティカルな市民であることを確認している。これがメディア・リテラシー活動へと展開され、体系化へと広がりを見せることになったものである。

このメディア・リテラシーの定義は「市民がメディアを社会的な文脈で、クリティカル（批判的）に分析し、メディアにアクセスし、多様なコミュニケーションを作り出す力を指す。また、そのような力の獲得をめざす取り組みもこれに含む」という。これはメディア社会に生きる「人間の基本的権利であり、コミュニケートする権利を構成する諸権利の中核をなし、積極的なメディアの倫理活動そのものと解される。このメディア・リテラシーが一般に普及し、理解を得るようになったのはデジタル時代を迎えてからのことであるが、消費者の自立を促し、消費者に契約力を高めることを求める広告環境の中にあって広告教育にこの概念がフィットすることは、「賢い消費者」として紹介された時代と重なり合うものである。

因みに、法治国家のドイツとは対照的に、英国、カナダなど広告の自主規制強化教育に力を入れている国ほどリテラシーのレベルが高い。英国のＡＳＡ（広告基準協会）の示す自主規制は世界をリードできる存在であり、同時にメディア・リテラシーの教育はすでに一九三〇年にはじまり、一九八九年には学校教育のカリキュラムにこれが組み込まれていることは注目に値するだろう。このことはメディア・リテラシーの研究や実践が価値規範を背景にもち、メディア文化が生活に定着していなければ成立しないことを示している。

広告リテラシー

メディア・リテラシーは、もともと「読み書きの能力」「読解力」を意味してきたが、これを支えるのは批判的分析力と創造的クリエイティブ能力の二つが両輪となる。

では、こうしたリテラシーに必要な能力とは何であろうか。

第一に、メデイアや情報機器の使用能力で、メディアとはデジタル機器を使いこなすだけではなく、幼児期に学習する文字や書物などもこれに属する。単なる操作や知識だけではなく、より効率的にかつ有効な使い方ができるかにあるように、子供の発達過程に応じた対応力である。

第二に、メディアや情報の受け入れ、批判能力である。広告を含めた情報のもつ意味や役割、情報の効果に対した理解力でメディアの特性を理解し、建設的な議論のできる能力として、幅の広い視野がもとめられる。

第三は、表現能力で、収集した情報を的確に整理し、また思想、意見、感情などを表現伝達する能力である。いわゆるコミュニケーションの場を生み出す能力で、メディアを使って情報を創り出し、社会に働きかける能力をいう。

第四は、メディアや情報に関する社会能力、すなわち情報を扱う際のマナーやルールについての能力で、法律、倫理、情報公開、情報犯罪などについての対応力もその能力とされる。

これらの能力には、社会変化に対応できる多面的なリテラシーの向上が期待され、行政、教育面ばかりでなく、広告に関する重要課題として広く理解がもとめられる。

メディア・リテラシーと共通的、共有性を多く有する広告リテラシーが二一世紀に重要な意味をもつのは前述の契約社会に放り出され、生きる力を身につけなければ対応できない消費者を増やしつづけることになるからである。

この広告リテラシーの活動の意味を考えてみよう。

広告リテラシーとは「広告の信頼性を見極めるための広告知力を強化する活動体系」で、消費者が自立し、契約力を養うための広告活動の一環として重要な意味をもっている。

この広告リテラシーの定義とはつぎのようになろう。

広告リテラシーとは広告の読解力、評価力を高め、広告に対して消費者が積極的に関与する能力で、広告を主体的に読み解く能力、広告に積極的にアクセスし、これを活用する能力、広告を通じてコミュニケー

ションを創造する能力の蓄積活動であり、同時に、これらの知力をとり組む教育体系をいう。

この広告リテラシーの理念づくりとその実践に関する基本的なポイントは次にあげるとおりである。

・3C（クリティカル、クリエイティブ、カルチュア）の広告文化であること
・広告の社会的人権であること
・広告コミュニケーションの責任は、市民も担うこと
・「広告の理念」として有力な価値に値すること
・市民の情報に対する直観力、自立性、契約力を養う
・これらが広告を育てることにつながること

消費者の憲法、広告六法の核となる「消費者基本法」で示される自主的に生きるための事業者の責務としての教育は、消費者に直接かかわる問題だけではない。学校教育で育成する基幹的な能力で、教育基本法（二〇〇六年、六〇年ぶりに改正）でも教育の目標（第二条）では「自主的に生きる基礎を培い」「教育の目的を達成するために、あらゆる機会が教育に活用されなければならない」とし、義務教育の目的（第五条二）としては「個人の社会的な自立」を旨としたものである。

この教育基本法の大改正は学校教育法の改正をはじめ、国語科の重視を中心に学習指導要領にも反映されている。同時に、中央教育審議会での審議の中心テーマは子供の社会的自立を促す活動に関するものであって、消費者の広告に関する憲法である消費者基本法と同理念にもとづいている。

では、この広告リテラシーに関し、具体的で実践的な対策とは何であろうか。次の三点にあろう。

・第一は広告教育の充実

消費者の視点のポイントは、消費者基本法、教育基本法に求める「自立」「契約」「生きる力」をベースにした広告教育の体系をつくることにある。

・第二に広告界と教育界との交流

共通認識を形成しなければ成立しない課題もある。「広告教育学会」「教育広告学会」の新設と交流もあろう。本書でとりあげた広告界の第三者機関「日本広告倫理機構」（仮称・第五章）にこの機能をもとめなければならないだろう。

・第三はクリエイティブ・マネジメントの確立

クリエイティブは創造性と倫理性、リテラシーを核にしたマネジメントの体系化、およびこれを広告の実践的行動として内在化させねばならない。これらは日常のコピー作成、広告物作成に日常化できるかどうかにかかってくる。

これらはいずれも難題である。これは広告に倫理が定着していないからであるが、これを放置しておいてよいというものではない。広告の習慣形成は倫理判断、価値判断の直感力を養う実践の基本であり、広告が持続可能な未来を配慮する使命と機能を有しているからである。

(3) 学習プログラム

責任経営教育

企業の責任を経営教育にとり入れようとする動きを梅津（二〇一四年）が紹介するが、特に企業倫理の分野で注目を集めることになった。

二〇〇七年、国連グローバルコンパクト（GC）を支える目的でまとめられた責任あるマネジメント教育、いわゆる責任経営教育の六原則が経営大学院などに提示されたことが主軸で、世界規模での企業倫理の導入に注視される。

これはグローバル企業が国際社会の一員として対応できるための倫理憲章で、六原則は大学や大学院の経営教

〔資料6－8〕　責任経営教育の6原則（梅津の作成）

1．目的――学生たちがグローバル経済の一員として活躍できる教育を提供
2．意識づけ――グローバルな社会責任
3．教育方法――「責任あるリーダーシップ」を定着させる場の提供
4．リサーチ――持続可能な社会をつくるうえでの企業の役割
5．パートナーシップ――社会・環境への責任を果たそうとする企業に積極的に関わる
6．対話――実務家、メディアなどとの対話促進

育に企業のＣＳＲや持続可能性を十分にとり入れるよう求めるものである。

この六原則は世界八〇ヵ国、計五三〇団体に及び大学院などで採用され、日本では慶大グローバルセキュリティ研究所をはじめ五校が参加している。

その目的とするところは、国際社会に対応できるモラルの高い幹部候補生を大学や大学院から企業に送り込むことにある。

責任教育の六原則に参加する大学や大学院は教育方法を改善し、経営学の「持続可能性」を視点とする立場から作り直すことに迫られると同時に多面的な対話を重ね、連携を模索する。慶大では現実の問題解決を探るプロジェクト型学習方法を採用する（資料6－8）。

また、文部省は研究倫理の分野でも国内の研究機関に所属する大学生や研究者に倫理教育を義務づける方針を固めた（朝日新聞　二〇一四年三月二十八日）。

これはＳＴＡＰ細胞論文事件を受け、研究者を育てる大学時代からの教育が不可欠と判断したものである。倫理規定の整備、告発を受け付ける窓口の設置の点検もこれに加わる。

文部省が検討する研究不正対策指針のポイントは次の五項目である。
・大学など研究機関に研究倫理の教育を義務づける。
・規定の整備や教育状況など各機関の体制を調査する。
・不正問題への対処が不十分な機関は人件費など間接的な研究費を削減する。
・各機関は研究データの保存期間を決めて保存・公開する。
・不正問題の調査にかかる期限を明記。期限を過ぎる場合は理由を公表する。
この大学生や研究者に対する倫理教育を義務づける文部省の方針はＳＴＡＰ

細胞論文事件の直後だけに、行政的、法的、制限的にならざるを得なかったことは広告倫理としても学習しなければならないポイントが存在する。

これは研究倫理とか工学倫理が文化として定着していなかったことによる。やはり研究機関、学会、現場レベルからの安定さを備えたこれらの応用倫理が育っていなかったからで、文部省の発表にあわせて、これらに対処する方針が独自性を備えた学会等から発表できなかったことは残念なことであると言わざるを得ない。

対話型授業

倫理教育の実践にあたり、重要なポイントをあげるとつぎの三点になる。

第一は応用倫理の基本コンセプトである「誠実さ（integrity）」を誇りに思う広告文化をどう構築するか。

第二は倫理的な意思決定を阻害する要因をどう排除するか。

第三は広告における善の価値とは何か、これをどう創出し、価値を更新しつづけるか。

以上の三点にポイントを置いてすすめられるが、このとき、対話方式を採用するのが応用倫理学全体の傾向である。大学等における、「対話型授業が成功するコツ」について、小林正弥・千葉大学教授は次の五点を挙げる。

①無理に当てないこと

手を挙げて、自ら話し出すのを待つ。

②学生を信じること

多様な意見にそれぞれ意味があることを信じる。教師がそれを展開させればよい。

③否定しないこと

意見を否定しない。学生は間違えることを恐れている。

④事前の準備が大切であること

学生の意見に応じて、毎回アドリブになる。学生が関心を持てる話題や対立点を準備する。

⑤最後に意見を整理すること

無理に結論を出そうとせず、意見を整理して方向を示唆し、考えさせる。

教育プログラムと運用

広告倫理教育プログラム16講を示したのが**資料6-9**である。

これらプログラムを有効に推進するための方法論にヒントを与えつづけるのが、梅津（二〇〇二年）の提唱する「ケース・メソッド法」で、ハーバード・ビジネス・スクールなどで用いられる高等教育法である。

このケース・メソッド法はケース・スタディとははっきり区別し、ケース・スタディが事例研究において学習素材として用いるのに対して、これはケースを用いて討議とそのプロセスに重点を置き、伝統的な倫理学をベースに構築される「意思決定を内面化させる作業プロセス」と位置づけされる。いわゆる実践的な問題の発見、分析、意思決定の能力要請を目指す方法論である。

このケース・メソッドは三段階のプロセスから成立する。

第一段階ではケースについての情報分析を行う。

第二段階では自由で闊達なグループ・ディスカッションに参加し、自分の意思決定案に再検討を加える。

第三段階ではリーダーによるクラス・ディスカッションは、この意思決定案について、理論的確認を行うという、意見形成へと進める演習の学習スタイルなのである。

これらの教育法を参考にしながら広告倫理教育の学習プログラムを作成した（**資料6-9**）。各テーマごとに「討議」があるが、本書の各章で示した「命題」をこの討議の主題として採用していただくのも一つの方法ではないだろうか。その進め方は第一章の「命題論」による広告倫理の起動促進にある。

〔資料６－９〕　広告倫理教育プログラム・16講

	項目	テーマ（ヒントは命題）	ポイント
第１講	広告と倫理	広告倫理の定義	広告科学の現状と社会 倫理の新転回
第２講	同（討議）	広告倫理とは何か	
第３講	広告の現実と課題	広告倫理の課題	広告の現状と未来 現状批判と発展
第４講	同（討議）	広告倫理をどう起動させるか	
第５講	人工的体系論	広告倫理の構造	広告の応用倫理
第６講	同（討議）	①人工的体系 ②実践行動	
第７講	契約概念論	責任の本質 広告倫理の認識	広告と契約規範
第８講	同（討議）	①広告の契約性 ②広告と社会	
第９講	価値創造論	広告の価値論 価値の根源性	広告の価値論 価値と理念
第10講	同（討議）	①価値と理念 ②循環型実践モデルの構築	
第11講	合意形成論	広告の社会化 倫理化	倫理コミュニケーション 広告法制と倫理
第12講	同（討議）	①合意は真理 ②倫理コミュニケーション	
第13講	広告文化構築論	広告文化論	広告文化論 文化の構築、変革 広告リテラシー
第14講	同（討議）	①価値の定着／価値づくりの基盤 ②習慣化、価値の相対化	
第15講	広告の未来倫理	未来倫理の定義	未来責任 暫定的真理
第16講	同（討議）	①未来倫理の捉え方 ②未来における広告のあるべき姿	

第六章の「広告文化構築の倫理」に関する「命題リスト」

- 「広告文化の構築とは、価値を文化として定着させ、さらに新しい価値を創出する基盤づくりの循環型活動体系である」
- 「広告文化の構築は価値合理的行為である」
- 「文化とは価値の反映であり、問題認識を生み出す土壌である」
- 「広告倫理は習慣形成論であり、習慣は第二の本性である」
- 「クリエイティブ力は創造力と想像力の複合である」
- 「価値の相対力強化は広告マネジメントにより担保される」
- 「広告文化の構築とは、価値が価値を生むディープ・ラーニングの営みである」

これらの命題を批判し、議論のテーマとしてお使いください。

第七章　根源的な未来倫理

▼「未来倫理は根源的な応用倫理である」

一、持続可能な発展

(1) 未来倫理の特性

倫理とは相互契約による互恵性の原則で成り立っており、未来を保証する倫理学の学説は見当たらない。互恵は社会的交換を有効的に可能ならしむ基本的社会規範と解されてきた。世代間倫理における現世代と未来世代との関係は一方的で双方向の関係にはなく、互恵の成立根拠に疑問があって、倫理的な関係は成り立たない。すなわち、倫理学説上、正当性は見いだせないのである。

ハンス・ヨナスが説くように、未来を説きあかす倫理学説は存在しないため、われわれの義務と権利が対応しないという矛盾に直面する。すなわち、現代と未来との関係は一方的で、「未来に恩恵を与えても見返りがない」ということになる。哲学的倫理学でいう「行為と責任」との関係を問う倫理学を超越した課題なのである。

未来倫理はこのように世代間倫理として、現代社会を基点にした時間軸上にある倫理であって世代を超越した、未来に対する責任問題として位置づけされる。

しかし、このように哲学的倫理学から食み出した未来倫理を応用倫理学として包括するためには、深奥な倫理原理を注意深く汲み取りながら、学際的に体系づけるものという宿命を負っている。未来倫理の体系化は未来社会の展望を開き、文化の継承、先送りのない責任の明確化と科学の飛躍的な発達をもたらす機能を有している。また、未来倫理は、多分に教育的特性をもつ。すなわち、教育の根幹は難しい局面を生き抜くための幅広い視野と未来を見通す力を涵養することになる。未来倫理による未来像は子供たちにも希望を与え、社会の進歩をもたらす大きな力となるものである。

未来に対して、善意に基づく普遍的な願いや行為そのものに大きな価値を認め、これを発展させる義務がある。未来の人たちがなにを求めているのか、未来との対話からすべてが始まるのである。これは倫理の研究対象を拡大しなければ成立しない領域でもある。

これまでの社会は「開発」を歓迎する文明に支持されてきた。環境保全は、この開発を抑制するものとして、環境と開発の関係を考える上でジレンマに陥り、議論は袋小路に押し込まれがちであった。これに光を当てたのが「持続可能な発展」の概念である。

この持続可能な発展とは、持続可能性（sustainability）と開発・発展（development）という二つのキーワードから成り立っていて、「将来の世代が自らのニーズを充足する能力を損なうことなく今日のニーズを満たすこと」（ブルントラント委員会・一九八四年、国連に設置された「環境と開発に関連する世界委員会」ＷＣＥＤ）と定義される。

この「未来性と節約」を原理とする持続可能性は人間社会と自然との関係における規範的な意味合いと人類の生命の保障という立場から環境倫理の分野における重要なテーマとしてとり上げられてきた。同時に努力が報われる社会であるというメッセージを次世代に伝えることを意味し、人間の精神も同時に進化し続けることに期待が寄せられる。また、応用倫理の分散的な発展を一つに束ねるのも、この包括的な概念である。教育開発、社会システム、工学技術なども共通して未来に視点をあてた現代社会の新しい倫理学として、実践力が問われることになる。

こうした中で、広告倫理はこれらの応用倫理と同様に、広告の未来を想定し、未来の人たちと、広告の未来と広告の本質を本気で対話する行動力が広告の持続可能性を生み出す原点となる。

これは、未来倫理を考察することは、現在の社会に向き合う倫理のあるべき姿を浮き彫りにすることであり、前章まで述べた広告文化構築の倫理と未来倫理は交流を深めることにより広告の新しい価値創造を機能させることを意味している。

未来倫理学者としてのハンス・ヨナス（一九〇三〜一九九三年、ドイツ）は著『責任という原理』の中で、環境倫理を世代間倫理と同義づけ、未来世代に対する最も重要な責任は善き環境を残すものだとした。このことにより、環境倫理は未来倫理の代表格とされる。同時に、この世代間倫理の問題は時間軸の問題だけではなく、地理的に遠隔の場合（遠隔倫理）にも適用され、グローバル時代に対応する概念である。

(2) 合理的な視点

現代倫理の重要なテーマである未来倫理は、伝統的な倫理学説にフィットしないとして、批判の対象にされてきた。しかし、先達から倫理行為の正当性を引き出すことにより、未来倫理がメタ理論（個別的な理論のあり方に関する理論）の機能を果たすことになる。

「原初状態の仮説」（ロールズ）

ロールズの『正義論』（一九七一年）が出版されてから、社会契約論の中心テーマは政治権力の正当性から社会正義に移り、「正義の古典」としての地位を固めることになったことは前述のとおりである。このロールズの正義論が「世代間倫理に対して包括的で合理的な視点を与える」（小坂＝岡部、二〇〇五年）とされる。

ロールズによる原初状態の仮説は公正としての正義の実現にとって不可欠の制約であるが、この公正という正義を曲げられる危険性を排除するために、当事者がどの世代に属しているかという偶然性を、この仮説のもとに「無知のヴェール」を条件として加える。この論理的な仮説を「倫理的な当為」とするための自覚と実践が求められることになる。

これに関連する「予見的責任論」は未来に対する現代社会の負うべき配慮義務である。問題の先送り、放置、見逃し、過失などは未来責任観の欠如によるもので、怠慢もこの中に含めてよいであろう。このため、強い積極倫理が働かねばならず、倫理的行動力の不足は、未来倫理の欠如を顕在化させる。

また、「期待責任論」は現代社会が未来の期待像を描くこと、未来を倫理的に語ること。このことは、未来像の形成を促し、未来社会と倫理の古典を繋ぐ不可欠な行動である。将来像を描くことにより、未来がみえ、目標がみえて、文化の構築を可能にする。また、倫理的議論が増えて、広告に不可欠な業界共有の第三の倫理（広告倫理の三層構造・第二章）を固める機能を果たす。

さらに「世代契約論」は積極的な倫理機能を求める倫理の体系化により、現代社会と未来社会の契約性を質す。すなわち、ここで因果律が成立することになる。

「競争を超える交換の原理」（アダム・スミス）

アダム・スミスの「道徳感情論」は市場社会における原点を「互恵」に置き、「交換」の原理から世代間倫理の正当性を説くものである。

人間が幸福に生きていくためには、家族、知人だけではなく、見知らぬ人からのお世話をいただかなくてはならない。一方、見知らぬ人へは彼の欲する形のお世話をお返しすることで社会が成り立っていると考える。すなわち、見知らぬ人同志の交換がなされる。同世代同志の場合が「交換」で、時間差のある異世代間では「相殺」となる。

これは相互の正義にも基づいてなされる市場社会の原点であり、経済学の「競争」を超える重要なテーマであるといえよう。この互恵の姿を可能ならしめるものが、「同感」を得るための言語的能力といわれる「説得本能」である。この見知らぬ人との「お世話の交換」は市場社会にあっては同世代間の交換であるが、未来責任論の問題は過去の社会と現代社会、現代社会と未来社会との連結で考慮し、議論を重ねる必要がある。現代社会が過去の社会から受けた恩恵を未来社会が必要とする恩恵に形を変えて送り届けること、すなわち、三世代にわたり見知らぬ人との恩恵の相殺、互恵の念がアダム・スミスのいう「交換」の原理により正当化される。

「この世の不完全性論」(カント)

カントの「義務論」から未来倫理学はどうみえてくるのだろうか。倫理的に正しい行為者が、現実の社会において必ずしも幸福になるかというと、そうではない。すなわち、正義と幸福が一致、対応することはない。カントはこの世が不完全ならば、次世代以降に一致されるはずで、完全な未来に救われると「信ずる」ことにより、正しい生き方、姿勢がみられると考える。M・ウェーバーも純粋な意図と価値感情にしたがって振舞い、自分の行為結果を神にゆだねて顧みない態度、すなわち「心情(信条)倫理」の必要性を強く説く。

こうした考え方は一見して宗教の教義学のようではあるが、「信ずるから子供や孫の未来があり、信ずることによって、責任が果たされ、救われる」と解すべきなのだろうか。ここに、応用倫理学における世代間倫理、未来倫理に対する現代社会の倫理行為の正当性を証す有用なヒントがあるといえよう。

「愛情論」（ハンス・ヨナス）

未来責任は本来、自己維持の論理であり、問題の先送りは逃走の論理であるとして、ハンス・ヨナスは、未来の予測が困難なため、「恐怖」を指標として、その発見術を提示している（坂井＝柏葉、二〇〇七年）。すなわち、「将来は大変ですぞ」の宣言によって、関心を集める術である。「相互性（互恵性）の倫理」では、われわれの義務と権利が対応せず、その関係には正当性が見当たらない。責任に客観性がなければ、他人の権利を抑制できない。ヨナスはこれに対して、相互性のない未来世代に対する非対称的な責任概念を要請するが、あくまで形而上学的な証明に過ぎない。また、ヨナスは「存在論的な義務」、すなわち、価値があればそれを守る責任もあって、未来世代があることは無条件で認めなければならず、これに現代の世代は最大限の努力を果たす。一方、「未来倫理学の原型は親の子に対する保護責任にある」、すなわち、互恵性ではなく、見返りを期待しない「愛情」であり、「教育」であることは、検討に値する概念として、広く受け入れられる。これは自分たちの道徳判断を理性的に正当化するという条件を満たすため、積極的な議論の対象としてとり上げ、また実践できる仕組みをつくることが、これに応える唯一つの道なのであろう。

「マネジメント論」（F・カプラ）

F・カプラは、理論物理学者で、のちに、転向して生命システム論者として有名である。彼は、エコロジーの基本原則を企業経営に取り込むべきだとして、倫理学というよりは経営学視点の未来責任論を提示した。未来世代の反映を期して、持続可能な社会を満たすため、経済成長を質的なものに変える活動であると言う。

彼はエコロジーの動機づけを三つのレベルで表示する。第一のレベルは損害に対する法的責任、すなわち、もっとも低級な動機づけである。第二のレベルは市場の変化に対応しようという動機に基づくものである。第三は価値観に動機づけされたもので、この第一と第二が企業の環境対策そのものであるのに対して、第三はエコロジー・マネジメントの課題で、システムや教育の問題として、この持続可能性を議論するときには、その判断基準が必要になる。

「人間行動進化学」

道徳の規範がどういう意味をもっているか、社会のあり方についての正義の基準を何に求めるか、特に未来を考察する際には、その根拠が求め難い。これは人間の知覚、情動、行動について明らかにされていない面が少なくないからであるが、一九九〇年代以降、「人間行動進化学」「進化倫理学」「進化心理学」といわれる分野の研究が盛んである。この学問体系の基本はウイリアム・ハミルトンによる生物が血縁者を助けることの利益を定式化した「血縁淘汰の理論」（一九六四年）やロバート・トリヴァースによるお互い様の「互恵的利他行動の理論」（一九七一年）などをベースに再構築されたものである。

これは「進化」の観点から道徳に「利益、不利益」すなわち、「善は得、悪は損」という客観的な根拠を見いだそうとすることで、倫理上の問題解決や納得の理論に新しい光をあてるものである。

「弁証法（dialectic）」（ヘーゲル）

弁証法とは、「自らの発展によって、自分の内にある矛盾を乗り越え、新しい統一に行き着く方法」を言い、哲学的基本用語である。これは、さらに世界が変化し、発展していく法則を学ぶことによって、未来を予測・予言できる法則でもあり、世の中の変化・発展の法則を洞察的に語ったもので、五つの法則をもっている。発展の原則（螺旋階段を昇る状態で発展する）、反転の原則（現在の動きは必ず反転する）、質的変換の原則（量が拡大し、一定の水準に達したとき）、競争相手と似る原則、矛盾が発展の原則（矛盾こそ発展の原動力）がこれである。

弁証法は、本来「対話法」「回答法」を意味するが、近代に入ると対話の方法は弁証法として新発展をみせるようになる。すなわち、対話による真理探究の道筋を探り求めることになり、特にヘーゲルは弁証法を現実世界の運動を捉える理性論理として体系化しようと試みたことでよく知られる。

二、未来倫理の構築

(1) 未来倫理の開発

未来倫理は、同時的相互関係を取り扱う倫理学を超越した領域にあり、未来倫理を保証する倫理学説が見当らない中にある。それでは広告活動のあり方のポイントをどこにもとめればよいのであろうか。

第一は、「現実と向きあう倫理学」として、各分野に拡散する応用倫理学の「統合性」にポイントがあろう。応用倫理学は共通の基盤や説明原理に立脚しなければ、応用倫理学の各分野は単に個別の理論を並列しているにすぎないことになる。この統合性により、有機的で一貫性のある繋がりができ上がり、応用倫理学の統合性はこの「未来」に求められることになる。

すなわち動的な応用倫理学は統合性と持続可能性を備えた未来論を目指す方向性をもっている。

第二は、広告文化の構築が未来倫理を体系づける基盤となる。この広告文化は第六章で考察したように広告価値の反映であり、この価値を定着させる積極的な活動体系である。同時にこれは新しい価値を創り出す基盤を構築するもので、現有する価値や文化の相対化活動でもある。

この延長上にある未来倫理は、同様に新しい価値を生み出す積極的な活動体系である。未来倫理の考察は現実の広告倫理を見直す重要な位置づけにある。

第三は、未来倫理は超学際的にならざるを得ない。

あらゆる英知を結集して暫定的真理に直面する。仮説の設定検証を繰返す活動である。この未来倫理に正面から立ち向かうことは、現実の倫理課題への実践的態度に限りない影響力をもっている。広告における強い創造力と想像力が問い質される。

では、「現在から未来」を考察する未来倫理の視点を逆転させ、「未来から現在」の広告倫理を見ればどうなるか、価値創造や広告文化構築との関係はどう位置づけされるものかを検討する価値は十分にある。未来倫理は孤立した存在ではなく、広告倫理をはじめ広くは応用倫理の基本的で、根源的な特性を有する未来倫理の構造が見えてくることになる。

(2) 未来倫理の五原理

ここで未来倫理をどう組み立てるかが課題となる。「合理的な視点」でとりあげた理論、学説を未来倫理の特性と変化に対応しながら考察をすすめることになるが、未来倫理の成立条件は「広告文化の構築」にある。これは広告文化が、新しい価値を生み出す批判力、想像力、創造力によって価値の相対化に対応できる機能をもっているからである。

あえて、この未来倫理を支えるための核になる五原理をあげるとするならば、イメージ的には**資料7-1**に示すとおりであるが、これら代表的な六人の思想家は、本書で繰り返しとりあげた先達である。

①未来責任論（ハンス・ヨナス、「未来倫理論」）

未来世代に対する権利を保証する倫理学説は見当たらない。このため、相互性・互恵性の倫理では権利と義務との関係上、正当化することは不可能であるが、ハンス・ヨナスはこれに関して、未来世代に対する「非対称的な責任概念」（親子の保護責任）を提示する。しかし、論証に無理があるとする考え方もあり、応用倫理学では、教育論（前述）などとして、未来に視点を置いた世代間倫理の議論が望まれよう。

②発展の学（ヘーゲル、「弁証法」）

ヘーゲルはカントにつづく代表的なドイツの倫理学者で、彼の倫理は法哲学であり、法（正しさ）の社会学的

〔資料７－１〕　広告のあるべき未来像を描く未来倫理

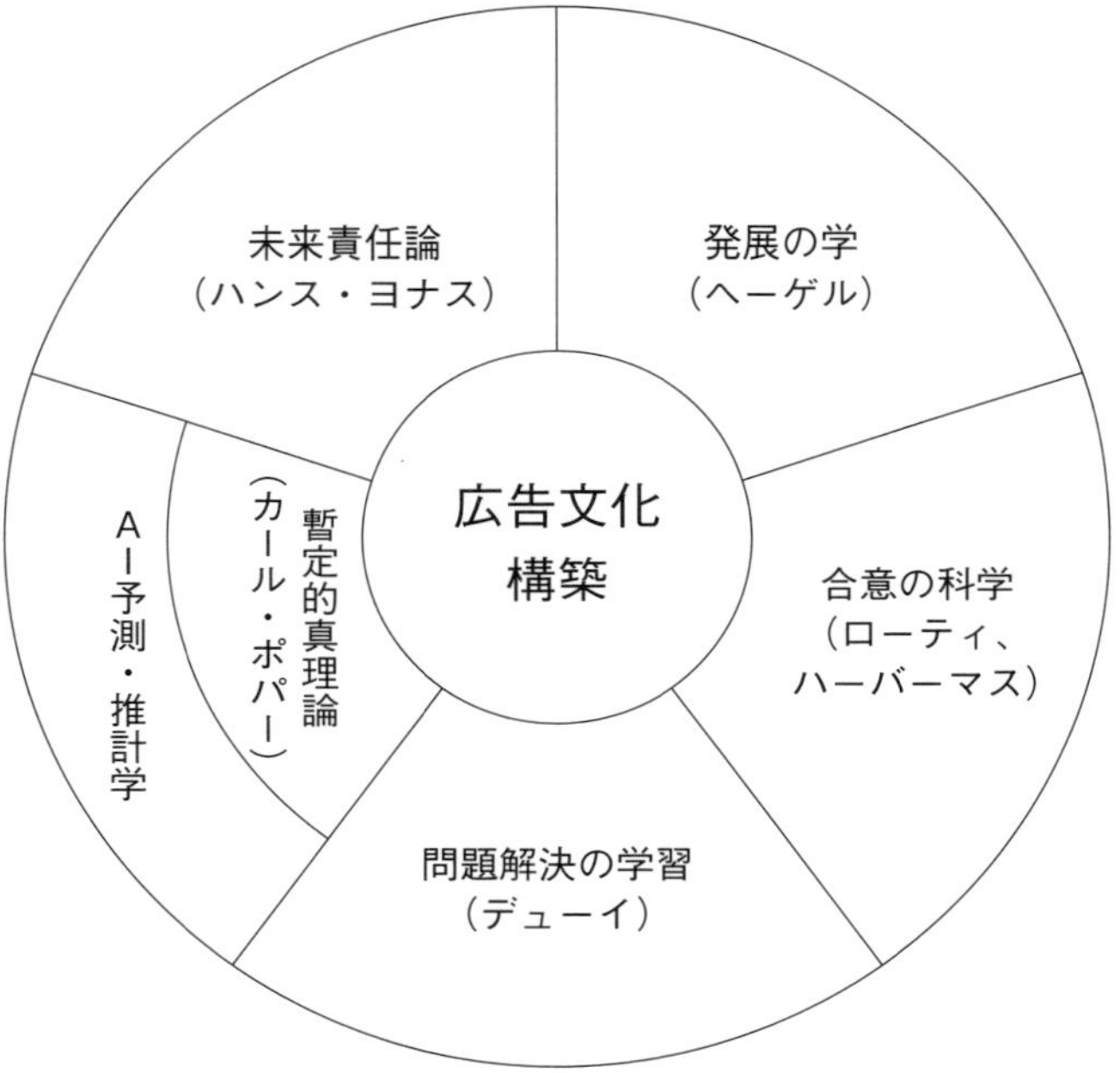

考察の代表格である。著『法哲学要綱』によって、倫理と道徳の区分、使い分けを明確にしたほか、すべてのものが、矛盾を契機にして発展していく理性的な運動の論理と捉える（弁証法）。ヘーゲル以降の倫理学は人類全体の幸福をめざす「社会」を主題とする。

③仮説・検証の学（カール・ポパー「暫定的真理論」）

これまでの社会学や文化人類学では、未来の予測は厳密さを欠くものとして、タブー視されてきた。しかし、科学や環境など応用倫理の問題を考察する際に共通する課題は、「未来に向かって今なにを成すか」である。

未来倫理は因果性が不明確で、予想が不可能な領域を取り扱うものである。限定される条件のもとで普遍的な命題を導き出す方法として、科学哲学者カール・ポパー（一九〇二～一九九四年、イギリス）は暫定的真理論を提示する。これは普遍的な命題を仮説として立ててこれに対する反論が出てこなければ「暫定的な真理とみなす」とするもので、議論を重ねて仮説と反証が現代に求められる実践力である。

④合意の科学（ローティやハーバーマス「倫理コミュニケーション」）

「合意による真理」は現代と未来を結ぶ新しい科学として再構築されることになる。これが第三期の倫理転回「解釈論的転回」である。ネオ・プラグマティズムのローティやフランクフルト学派第二世代の「合意の真理」をテーマとする「倫理コミュニケーション」を核にした新しい「転回」がはじまる。相互性、同時性が明確なハーバーマスの理論も新転回をはじめる。すなわち、倫理コミュニケーションは未来や世界についての新しい観点を生み出すことを目的とする。

⑤問題解決の学習（デューイ、「プラグマティズムの倫理」）

地道な現場の経験から生まれた「プラグマティズムの倫理」が生きる。デューイの学習理論は「問題解決力」にあって、「問題解決によって人間の思考活動がはじまる」という構築主義の倫理である。デューイはパースの科学的探究方法を具体的な問題解決に広く適用し、機能主義心理学の普及に注力した。アメリカ哲学の代表的な思想で、実践的な倫理の探究方法である。

プラグマティズムの再認識は相互理解のコミュニケーションの方法論としても未来倫理の構築に重要な意味をもっている。

(3) 循環型倫理の展開

これまでの未来倫理（学）は前述のとおり、現在の延長上にあり、現在から未来を考察する行動スタイルが主力を占めた。しかし、われわれが未来倫理について究極の目標としているのは成り行きの延長路線ではない。広告の「あるべき未来像」を設定し、未来に対応すると同時に、これが現時点の広告倫理に価値や文化として機能しなければならない宿命を担っている。

〔資料7－2〕　循環型未来倫理の展開

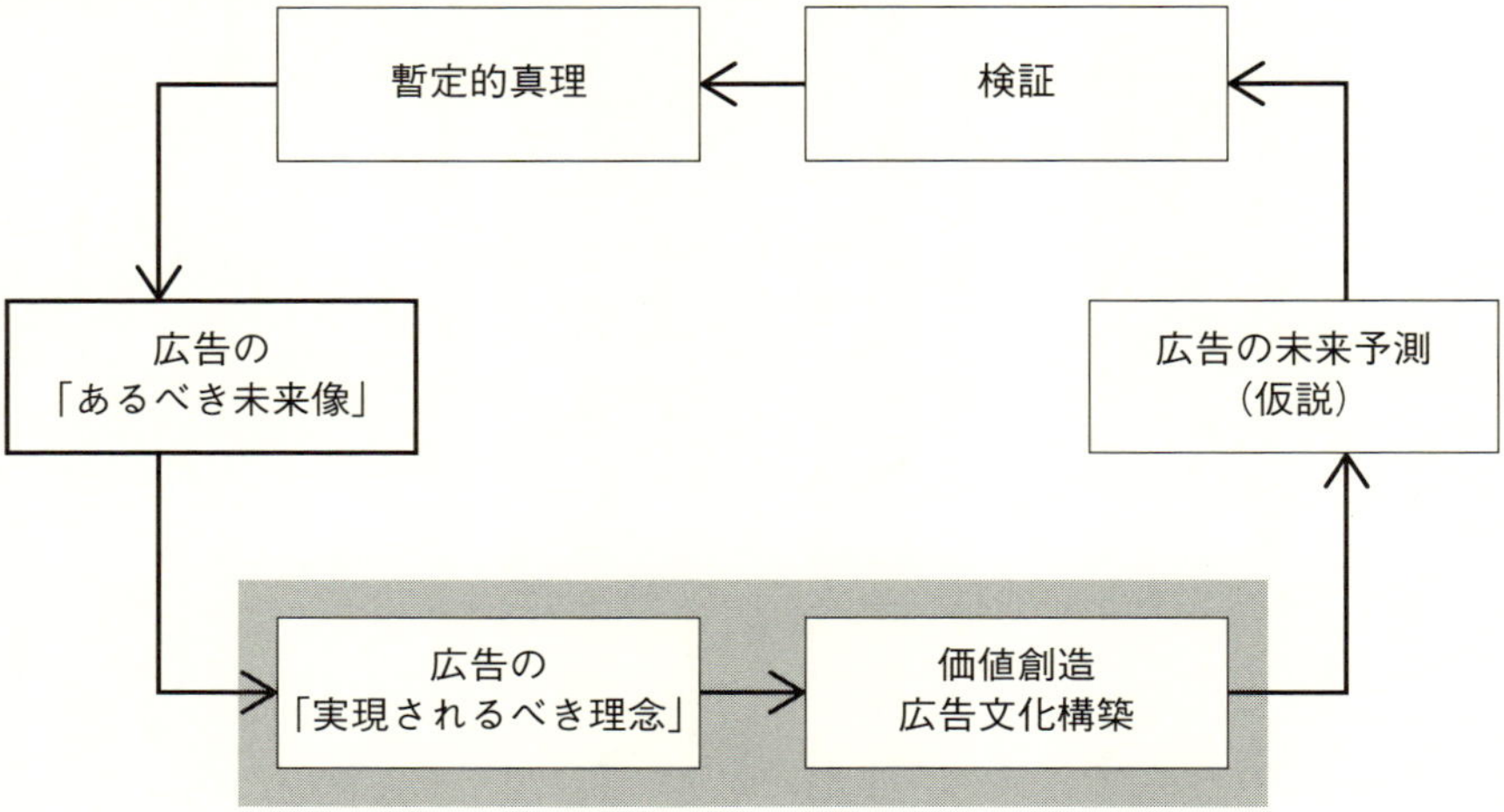

ポパーの暫定的真理論は、この「あるべき未来像」を描くにあたり、仮説が必要となる。常に反証が可能であるという前提に立って、互いに理論を批判することにより、誤りを発見し、新しい未来像を描き続けていくのは科学者らしい「批判的合理主義」そのものである。

いわば科学的方法を採用しながら段階的に社会を改善していく社会工学的で、未来倫理の構築に共鳴を呼ぶ基盤的思想であり、同時に具体的な手法である。

資料7－2は、未来から現在を眺める広告倫理の構築図である。

広告の「あるべき未来像」を描くことから未来倫理はスタートすることになるが、その実現の可能性は、その時点における広告倫理のレベルに左右される。

それほどに、広告の「あるべき未来像」は広告の「実現されるべき理念」と深い関係にある。広告の「あるべき未来像」は「仮説」「検証」からこの「暫定的真理」に至るプロセスを経て構築されるものである。こうした過程で第六章まで述べた広告倫理の手法や未来倫理の原理（前項）が活かされることになる。

広告の未来を予測する「仮説」は日常の広告倫理の積極的な活動によっても生み出すことになる。なぜなら広告文化の構築（第六章）は価値や文化を相対化させる力、すなわち新しい課題と理念を生み出す力を持つからである。

同時に、この仮説（未来予測）に強力な助人が出現しつつある。これはＡＩ（人工知能）をはじめとするテクノロジーの関連分野である。

大量の個人データを分析し、未来の行動や可能性を予測する「ＡＩによる推計学」が現実性をもって、ビッグデータ時代へ突入した。

このＡＩによる未来予測は、倫理学の側面からは予測を不可能としていた課題に対する一つの突破口を見いだし得る可能性を有している。カール・ポパーの言う「暫定的真理論」を具体的に推進するための仮説設定が現実性をもっている。

文学界もＡＩに関心を寄せる。いわゆるＡＩ文学の世界である。この関心事は、人の手を通さずに小説がＡＩにより創り出されるということよりも、ＡＩを題材にした独創的な「ＡＩ小説」、「ＡＩマンガ」のジャンルが未来倫理の仮説、暫定的真理の構築に貢献する日が近そうである。そのためには倫理に関心を寄せ、意図的に未来予測を実践することから取り組まなければ成立しない。

このように、ＡＩによる未来予測を確立することは、科学技術と社会科学の合流をもたらす具体策そのものにあたる。これを生かし得る条件は広告文化構築の中にある。

また、未来倫理は哲学的倫理学から見れば大きく食み出た存在であり、超学際的で、知の結集が不可欠な特性をもってはいるが、未来から現在の広告倫理を眺めればどのように映るであろうか。未来倫理は広告における価値創造の倫理、広告文化構築の中にあって、遠くに存在する特別なものではない。すなわち、未来倫理の開発、実践は応用倫理における循環型構造を有する文化構築の要であり、哲学的倫理学への回帰を促す重要な意味を持っている。これこそ現実に向きあう積極的な倫理行動そのものなのである。

第七章の「根源的な未来倫理」に関する「命題リスト」

- 「未来倫理は根源的な応用倫理である」
- 「未来倫理は未来から現在を考察する倫理である」
- 「未来倫理は応用倫理の共通テーマである」
- 「未来倫理はまず「広告のあるべき未来像」を描く活動体系である」
- 「未来倫理は新しい価値創造の積極的な活動体系である」

これらの命題を批判し、議論のテーマとしてお使いください。

あとがき

いま、応用倫理の体系化は各分野において仮状況にあり、普請中というよりも設計中というのが適切かも知れない。

特に広告倫理を単なる義務論としてではなく、人工的体系の応用倫理にもとめたのは、広告に対し、持続性を有する発展の倫理を追究しようとしたからに他ならない。

広告の倫理へのアプローチは、何も倫理学の正面から打つかることはなかったかも知れない。社会学、経済学、法学、リスク・マネジメントなどから切り開く手はあったはずである。現に同じ応用倫理に属するマーケティング倫理などでは、倫理学の原理に触れないものも少なくない。しかし、どこかで哲学的倫理学に直面することは明らかである。

以前、「広告倫理は広告の本質を探り、未来を担う広告や企業を救う基本的な道程であるため、ブームや流行ではなく、その体系化を広告百年の計と捉えたい」（拙著『広告倫理』）とも述べたように、難題そのものではあるが、どうしても突破しなくてはならないものであろう。

本書の前身である拙著『広告倫理のすすめ』が図らずも「日本広告学会賞」を頂戴できたことは望外の喜びである。広告倫理が広告科学の領域では重視されてこなかった中にあって、日本広告学会の先生方に、まずお目通しいただけるものかどうかが心配事の一つであった。しかし、日本広告学会報（№42）を通して疋田聰・学会賞委員長から受賞決定の経緯とともに、適切で公平な課題点、コメントをお示しいただいたことは自分にとって有り難い激励であり、この上ない褒美に値する貴重なものである。

愚鈍の身ゆえ、理想のレベルには、とても及ばないものである。しかし、このアドバイスを糧として、実践面のレベルアップをはかりたいと思う。

日本広告学会のリーダーの方々に厚くお礼申しあげる次第である。

かつて、広告概論にあたるテキスト類が普遍性を有し、安定するまでには長い試行錯誤を経てきたように、これまであまり重視されなかった広告倫理のジャンルは仮決定の状況でスタートしたばかりであるため、相当の時間と多くの先生方のご尽力、ご指導によって体系化が推進されることになろう。

応用倫理としての広告倫理は、本書でいう実践倫理と倫理学の相互作用が成立するための条件であるため、安定性のある「理想の広告倫理（学）」としての姿は、コーディネーターとしての「倫理学者」、学問的体系と概念づくりの「広告研究者」、事例研究と実践にあたるわれわれ「広告当事者（実務者）」の三者が、それぞれ役割を担い、これらの統合によって完成の域に達することになるのであろう。

広告の発展と連動した倫理が研究、開発、実践にわたって開花し、広告科学にしっかりと根づくよう強い期待をもっている。

本書の編集制作にあたり、㈱創英社／三省堂書店の高橋淳さんからは前回に引き続き献身的で適切なご指導、ご提案をいただいた。また原稿整理には今回も㈱オンラインの渡邉京子さんのお手を煩わすことになってしまった。ここに記して心から感謝の意を表したい。

平成二十九年（二〇一七年）一月一日

岡田　米蔵

参考文献

(1) 用語辞(事)典

大庭健 編集代表「現代倫理学事典」(弘文堂、二〇〇六年)
日本経営倫理学会 編「経営倫理用語辞典」(白桃書房、二〇〇八年)
濱井修 監修、小寺聡 編「倫理用語集(改訂版)」(山川出版社、二〇〇九年)
宣伝会議 編集「マーケティング・コミュニケーション大辞典」(宣伝会議、二〇〇六年)
亀井昭宏 総合監修「電通広告事典」(電通、二〇〇八年)
加藤尚武 著、編集代表「応用倫理学事典」(丸善、二〇〇七年)

(2) 倫理の基本と応用倫理

小阪康治 著「応用倫理学の考え方」(ナカニシヤ出版、二〇〇六年)
坂井昭宏＝柏葉武秀 編「現代倫理学」(ナカニシヤ出版、二〇〇七年)
ルートヴィヒ・ジープ 著、広島大学応用倫理学プロジェクト研究センター 訳「ジープ応用倫理学」(丸善、二〇〇七年)
笠松幸一＝和田和行 編著「二十一世紀の倫理」(八千代出版、二〇〇八年)
田中朋弘＝柘植尚則 著「ビジネス倫理学」(ナカニシヤ出版、二〇〇四年)
梅津光弘 著「ビジネスの倫理学」(丸善、二〇〇二年)
伊勢田哲治 著「倫理学的に考える」(勁草書房、二〇一二年)
加藤尚武 著「合意形成の倫理学」(丸善、二〇〇九年)
佐藤方宣 編「ビジネス倫理の論じ方」(ナカニシヤ出版、二〇〇九年)
鈴木辰治 著「企業倫理・文化と経営政策」(文眞堂、一九九六年)
宇津宮芳明＝熊野純彦 編「倫理学を学ぶ人のために」(世界思想社、二〇一二年)
奥田太郎 著「倫理学という構え」(ナカニシヤ出版、二〇一二年)

竹内靖雄 著「経済倫理学のすすめ」（中央公論社、一九八九年）
清野正哉 著「情報社会における法・ルールと倫理」（中央経済社、二〇一六年）
梅津光弘 著「責任経営教育」（朝日新聞、二〇一四年三月三日）
小松光彦＝樽井正義＝谷寿美 著「倫理学案内」（慶応義塾大学出版会、二〇〇六年）
小坂国継＝岡部英男 編著「倫理学概説」（ミネルヴァ書房、二〇〇五年）
マックス・H・ベイザマン＝アン・E・テンブランセル 著、池村千秋 訳、谷本寛治 解説「倫理の死角」（NTT出版、二〇一三年）
山岸俊男 著「信頼の構造」（東京大学出版会、二〇〇八年）

(3) 倫理思想

J・レイチェルズ 著、古牧徳生＝次田憲和 訳「現実をみつめる道徳哲学」（晃洋書房、二〇〇三年）
大賀祐樹 著「希望の思想・プラグマティズム入門」（筑摩書房、二〇一五年）
J・G・フィーンリースン 著、村岡晋一 訳、木前利秋 解説「ハーバーマス」（岩波書店、二〇〇七年）
ナイジェル・ウォーバートン 著、森村進＝森村たまき 訳「表現の自由入門」（岩波書店、二〇一五年）
岩田浩 著「経営倫理とプラグマティズム」（文眞堂、二〇一六年）
岡崎哲二ほか 著「経済学　名著と現代」（日本経済新聞出版社、二〇〇七年）
堂目卓生 著「アダム・スミス」（中央公論新社、二〇〇八年）
小林正弥 著「サンデルの政治哲学」（平凡社、二〇一〇年）
仲正昌樹＝清家竜介＝藤本一勇＝北田暁大＝毛利嘉孝 著「現代思想入門」（PHP研究所、二〇〇七年）
齋藤孝 著「図解　論語」（ウェッジ、二〇一一年）
福澤諭吉 著、齋藤孝 訳「現代語訳　学問のすすめ」（筑摩書房、二〇〇九年）
アダム・スミス 著、水田洋 監修「国富論」（岩波文庫、二〇〇〇年）
アダム・スミス 著、髙哲男 訳「道徳感情論」（講談社学術文庫、二〇一三年）

鷲田清一 著「折々のことば」（朝日新聞コラム・シリーズ、二〇一六年三月十四日）
サルトル 著、伊吹武彦 訳「実存主義とは何か」（人文書院、一九五五年）
渡辺靖 著「文化を捉え直す」（岩波新書、二〇一五年）
栗原隆 著「ヘーゲル」（NHK出版、二〇〇四年）

(4) **広告倫理**

疋田聰＝亀井昭宏＝小宮山恵三郎 著「広告と倫理に関する研究」（日本広告学会「広告科学」38集、一九九九年）
水野由多加 著「広告倫理の議論に向けての一考案」（マス・コミュニケーション研究、No.59、二〇〇一年）
国分峰樹 著「アメリカ広告実務家の広告倫理観についての一考察」（日本広告学会「広告科学」49集、二〇〇八年）
水野由多加 著「広告倫理の新論点」（日本広告学会「広告科学」40集、二〇〇〇年）
水野由多加 編著「広告表現　倫理と実務」（宣伝会議、二〇〇九年）・木原勝也 著「メディアの見る向社会性」
疋田聰 著「新聞広告における媒体責任について」（東洋大学「経営論集」第51号、二〇〇〇年）
岡田米蔵 著「広告倫理」（商事法務、二〇〇七年）
岡田米蔵 著「広告倫理のすすめ」（創英社／三省堂書店、二〇一四年）

(5) **広告科学その他**

P・F・ドラッカー 著、上田惇生 編訳「マネジメント（エッセンシャル版）」（ダイヤモンド社、二〇〇一年）
岸志津江＝田中洋＝嶋村和恵 著「現代広告論（新版）」（有斐閣、二〇〇八年）
桜井圀郎 著「広告の法的意味」（勁草書房、一九九五年）
岡田米蔵＝梁瀬和男 著「広告法規」（新訂第一版）（商事法務、二〇〇六年）
梁瀬和男＝岡田米蔵 著「デジタル時代の広告法規」（日経広告研究所、二〇〇三年）
荒井政治 著「広告の社会経済史」（東洋経済新報社、一九九四年）
長尾治助 編著「広告の審査と規制」（日経広告研究所、一九九五年）

植木邦之 著「判・審決例からみた不当表示法」（商事法務研究会、一九九六年）
桑原宣義ほか 著「民法とはこんな法律」（日本法令、一九九四年）
日本弁護士連合会 編「消費者法講義（第三版）」（日本評論社、二〇〇九年）
渡辺武達＝松井茂記 責任編集「メディアの法理と社会的責任」（ミネルヴァ書房、二〇〇四年）
堀田一善 著「マーケティング思想史の中の広告研究」（日経広告研究所、二〇〇三年）
岡田米蔵＝吉中和夫 著「アド・インテリジェンスの実務」（ダイヤモンド社、一九七一年）
梁瀬和男 著「知財髙判（テレビCM原版事件）から判明した広告界の問題点と解決策の提言」（日本広告学会「広告科学」第61集、二〇一五年七月）
斉藤俊則 著「メディア・リテラシー」（共立出版、二〇〇二年）
桜井圀郎 著「産業広告における広告性と約款性」（「産業広告」、一九九九年一〇月号）
仁科貞文＝田中洋＝丸岡吉人 著「広告心理」（電通、二〇〇七年）
橋本正洋 著「やさしい経済学、知的財産の保護」（日本経済新聞シリーズ、二〇一六年三月一六日）
真鍋一史 編著「広告の文化論」（日経広告研究所、二〇〇六年）
E・H・シャイン 著、尾川丈一 監訳、松本美央 訳「企業文化」（改訂版）（白桃書房、二〇一六年）
E・H・シャイン 著、梅津祐良＝横山哲夫 訳「組織文化とリーダーシップ」（白桃書房、二〇一二年）

〔わ行〕

〔ま行〕

〔や行〕

〔ら行〕

用語索引

著者略歴

岡田 米蔵（おかだ よねぞう）

1937年、滋賀県守山市生まれ。京都大学（心理コース）卒業。

(株)日立製作所を経て、1995年(株)オンラインを設立、2012年退社。

その間、法政大学社会学部、女子美術大学芸術学部などの非常勤講師を歴任。

著書に、

『アド・インテリジェンスの実務』（ダイヤモンド社・共著）、

『広告マネジメント』（宣伝会議）、

『わかりやすい広告六法』（日刊工業新聞社）、

『広告法規』（商事法務・共著・1994年度、日本広告学会学術賞）、

『デジタル時代の広告法規』（日経広告研究所・共著・2003年度、日本広告学会教育賞）、

『広告倫理』（商事法務）、

『広告倫理のすすめ』（創英社／三省堂書店・2015年度、日本広告学会教育賞）

などがある。

広告倫理の構築論
―― 人工的体系の構造と実践行動 ――

2017年2月28日　初版発行

著者　岡田　米蔵

発行・発売
創英社／三省堂書店
〒101-0051　東京都千代田区神田神保町1-1
Tel：03-3291-2295　Fax：03-3292-7687

制作／印刷　(株)新後閑

ISBN：978-4-88142-109-3　C3036